Das ultimative
Karl-May-Fanbuch

Titel der Originalausgabe:
Das Offizielle Endgültige Handbuch für den Karl-May-Fan
© Tomus Verlag GmbH, München 1992
© dieser Ausgabe: Karl-May-Verlag, Bamberg 1999
ISBN 3-7802-3006-2

Das ultimative

Karl-May-
Fanbuch

Von Dieter Mank
Illustriert
von Nik Ebert

Karl-May-Verlag

Bamberg Ⓜ Radebeul

Aus dem Inhalt

Vorwort

Im Olymp der Literaten

Im literarischen Olymp ist sicherlich auch Karl May zugange. Was er dort wohl treiben mag? Hält er himmlische Vorträge über diverse Heldentaten, die er noch als rüstiger Mittachtziger hätte verrichten können, wenn das Schicksal ihn nicht vorher abberufen hätte? Oder schwadroniert er munter drauflos und zitiert aus seinen „unendlichen Geschichten"? Trägt er ein Old-Shatterhand- oder ein Kara-Ben-Nemsi-Kostüm? Oder in regelmäßigem Turnus abwechselnd beides?

Auf jeden Fall wird er gesundes Selbstbewußtsein demonstrieren.

Und die Frage, wie er die heutige Medienlandschaft beurteilt, ziemlich eindeutig beantworten: *„Nich wohr – da hab'ch zum Beispiel Perry Rhodan gelesen und die Filme vom Schwarzenegger gesehen. Nu saachen Se mal selbst! Ei, das hätt'ch doch wirklich besser gemacht!"*

Hätte er wirklich. Und wir werden uns bemühen, Ihnen/euch in diesem Buch zu beweisen, warum er das Recht hat, so was von sich zu behaupten.

Bis auf zwei Reisen im Alter nach dem Orient und Nordamerika

(auf denen er niemals die geebneten Tourismuspfade verließ), soll er nie in den Wüsten Arabiens geschweige denn im Wilden Westen gewesen sein. Und ob er dort war! Ob auf den Flügeln der Phantasie oder als real reisende Person, ist schließlich gleichgültig.

Karl May hat beiden Regionen seinen Stempel aufgedrückt – unverwechselbar Karl-May-mäßig. Millionen Leser waren und sind zu Tränen gerührt von Winnetous Tod am Hancock-Berg, oder schmunzeln über Hadschi Halef, der, ohne es zu wissen, unter dem Pantoffel seiner Hanneh steht. Sie reiten, vom unverzagten Old Shatterhand geleitet, durch die glühend heiße Wüste des Llano Estacado. Gefahrlos gehen sie aus jeder Begegnung mit blutgierigen Sioux-Ogellallah oder mit schurkischen weißen Männern hervor. Denn schließlich – der Henrystutzen, der Bärentöter, zwei sechsschüssige Revolver und ein Bowiemesser liegen gut in der nervigen Faust Old Shatterhands. Na, und die Kunst der Rede erst, die der beherrscht und mit der er nicht nur Indianer, Türken und Wüstenbewohner beeindruckt, sondern auch seine Leserschaft – seit über 100 Jahren. – Denn eines ist sowieso klar: Goethe kennt man. Karl May hat man gelesen!

Forever young – Karl-May-Fans im Karl-May-Jahr

Waschechte und in der Wolle gefärbte Karl-May-Fans werden nicht so einfach geboren. Keinem frischgebackenen und nach Herzenslust brüllenden Erdenbürger ist die spätere Begeisterung für Karl May anzusehen. **Wie in vielen anderen Bereichen fällt auch hier den Eltern die wegweisende Rolle zu.** Freilich ist es höchst selten, daß ein stolzer Vater seinem sechs oder sieben Monate alten Sprößling Fabian im maßstabsgerecht gearbeiteten Old-Shatterhand-Strampelanzug (mit knautschledernen Dreieckswindeln) den lieben Anverwandten präsentiert. Oder daß eine liebende Mutter der zweijährigen Sabine Zöpfe im Nscho-tschi-Stil flicht und als Unterlage auf dem Wickeltisch eine original apatschenhandgearbeitete Indianerdecke verwendet.

Meist stehen die Eltern sinnend vor dem schier unübersehbaren Angebot von mehr oder weniger guten Kinderbüchern. Die Qual der Wahl beendet dann der Vater mit den Worten: *„Ich hab' Karl May gelesen, mein Vater hat Karl May gelesen – das wird dem Jungen auch nichts schaden."* Und marschiert stracks auf das Regal mit den dunkelgrünen Einbänden zu und greift sich *Winnetou, Erster Band* heraus. Warum nur für Fabian – und nicht auch für Sabinchen? Und warum hat der Vater das letzte Wort bei der Entscheidung für Karl May? Steht Karl May etwa für die letzte Macho-Nische der Literatur? Tummeln sich dort die unzähligen zeitgenössischen (fast echten) Old Shatterhands und Winnetous, unbelästigt von Old-Shatter-Women und nur gelegentlich von Nscho-tschis, Ribannas und Hannehs behelligt? **Die Antwort ist einfach. Karl May ist von jeher als Start-Lektüre für Jungen betrachtet worden, und auch die Wissenschaft und mit ihr im Gefolge die Sekundärliteratur verheißen nicht gerade reiche Ausbeute: ein beliebig herausgegriffenes Buch enthält gerade zwei Autorinnen – neben fünfzehn**

männlichen Mitstreitern. So kommt's dann zur literarischen Erbfolge:

„Warum ich meinem Sohn Karl May zu lesen gebe? Weil ich ihn selbst gern gelesen habe. Ob ich immer Karl May schenke? Nicht immer. Aber immer öfter..."

In der Tat – der May kommt immer öfter, wenn auch bei zehnjährigen Mädchen nur selten ein „Winnetou"-Band unter dem Weihnachtsbaum oder auf dem Geburtstagstisch liegt. Die Karl-May-Begeisterung zieht sich durch ganze

Generationen hindurch, und nicht selten brachten stolze Väter Standesbeamte zur Verzweiflung, wenn sie darauf bestanden, ihrem winzigen Stammhalter den Namen

UND SOWAS HEISST NUN WINNETOU SCHULZE!

Winnetou zu geben – oder diesen gar als weiblichen Vornamen verwenden

wollten. **Immerhin ließ einst der Karl-May-Fan Carl Zuckmayer seine Tochter unter dem Namen „Winnetou" registrieren.** Im Karl-May-Jahr 1992 bestehen Eltern allerdings seltener darauf, ihren Nachwuchs bereits in der Wiege „literaturfähig" zu machen. Ribanna Hagedorn oder Hadschi Halef Schulze würden sich vielleicht doch nicht so gut machen! **Der May-Bazillus wird nicht direkt in die Wiege mit hineingelegt, aber er wird gehegt, gepflegt und darf sich, wenn die Zeit gekommen ist, zu voller Blüte entfalten.**

Die Fans im Karl-May-Jahr haben die Qual der Wahl zwischen textkritischen, textunkritischen Lizenz- und Taschenbuchausgaben, zwischen Radebeuler und Bamberger Edition. Wer sich dagegen vor 30 Jahren in einer Buchhandlung umsah, konnte dort meist nur eine Ausgabe kaufen: die legendäre grüne Ausgabe mit dem Jugendstil-Buchrücken und den schönen bunten Titelbildern.

D er erste mit Bedacht gekaufte und von den Fans innigst geliebte Band bleibt hingegen –

heute wie damals – *Winnetou* – der Beginn einer brodelnden Leidenschaft, und wer einmal mit dem Mayschen Bazillus infiziert ist, wird für immer vom Wunderland des Orients und dem Spektakel der großen „Karl-May-Wildwest-Show" gefangen sein – und die kurzen Hosen nie wieder los werden. **Forever young …**

Winnetou – nach dem Schnuller folgt der erste May

D er hoffnungsvolle Sprößling hat seinen Schnuller in hohem Bogen aus dem Kinderwagen befördert – und diesmal endgültig. Drei Worte kommen ihm nun über die Lippen: „*Mama – Papa – Winnetou!*" Falls der Name Winnetous etwas

undeutlich aus dem kleinen Mund kommt, besteht für die Eltern kein Grund zur Besorgnis. Denn immerhin hat Karl May höchstpersönlich eine seiner ersten Wildwest-Reiseerzählungen *Inn-nu-woh, der Indianerhäuptling* genannt. Darin treibt bereits der Ur-Winnetou sein Wesen, wirkt als heldenmütiger Retter und ist im Kern schon fix und fertig als „*der edelste der Indianer – Winnetou, der Häuptling der Apatschen*".

Ein paar Jahre später schließlich ist der Jung-Mayaner soweit – er liest ihn selbst – denn Karl May vorgelesen zu bekommen, ist nur das halbe Vergnügen. Der erste May schafft die verschiedensten Seelenzustände – **rote Ohren vor Spannung,** wenn Winnetou als vermeintlich böser Feind dem späteren *Bruder Scharlih Superstar* entgegentritt, **tiefste Trauer und gerechten Zorn,** wenn Nscho-tschis Herzblut verströmt oder **herzinnigste Zufriedenheit,** wenn Bruder Scharlih und Winnetou mit viel indianischem tam-tam und etwas Blut schließlich und endlich zu Blutsbrüdern werden.

Und der erste May wird nicht etwa nur einmal und dann nie wieder gelesen, wie vieles andere! Nein, immer wieder greift der junge Leser nach seinem *Winnetou* und entdeckt immer wieder neue Facetten darin. Und hat er erst einmal die Klippen der Pubertät umschifft, ist er dem Karl-May-Fieber bis an sein Lebensende verfallen: mit 82 Bänden im Regal wird er sich von Winnetou bis ins wilde Kurdistan schmökern und die faszinierendsten Abenteuer in Ardistan erleben, bevor er nach

Dschinnistan emporsteigt – und das alles, ohne seinen Lehnstuhl verlassen zu müssen.

Den Wilden Westen lernt der kindliche bzw. jugendliche Erstleser durchs phantasiegeschärfte Auge des Karl May kennen, den *„die engen Verhältnisse, der Wunsch meine Kenntnisse zu erweitern und meine Angehörigen besser unterstützen zu können, und ein angeborener Tatendrang"* über den Ozean in die Gefilde des blutigen Westens (schauder!) getrieben hatten. Also nichts anderes als seine Phantasie. Und damit ist der erste May so überreich bestückt wie die folgenden, daß er seinen Lesern noch und noch davon abgeben kann.

Der welterfahrene Reiseführer May führt seine getreuen Leser dorthin, wo Männer noch Männer sind.

Auf den Flügeln der Phantasie in die Weiten des Wilden Westens.

Merke: Wer mit Karl May reist, kann das Fahrgeld sparen. Denn er reist erster Klasse und hat den Abenteuer-Urlaub inklusive.

Und Frauen? Haben wir schon erwähnt, daß Karl May sich mit der Darstellung des weiblichen Geschlechts etwas schwer tut? Nicht, daß sie überhaupt nicht vorkommen, die gefühligen Nschotschis, die erinnerungsträchtigen Ribannas, die resoluten Hannehs und keifenden Mersinahs. Nicht zu vergessen die Edelgestalt Marah Durimehs – aber zu der kommen wir später noch. Aber Frauen, so ganz und gar richtige? Von dem schönen Slogan „Frauen, die sich trau'n, ganz Frau zu sein" sind sie noch meilenweit entfernt. Nun – auch dazu kommen wir noch.

Männer dürfen bei Karl

14

May das, was sie heute und vor allem hierzulande schon lange nicht mehr dürfen: Männer sein. Weitab von kultiviertem Gehabe und sonstigem Zivilisationsmüll können die guten und zivilisations- müden Männer sich in den Abgründen des blutrünstigen Westens ergehen, oder zwischen den schroffen Hängen des wilden Kurdistan ihr Mit- tagsschläfchen halten. Dazwischen wird christianisiert, was die bibelfeste Seele nur hergibt. Treuen May-Lesern fällt sogleich Winnetou ein, Old Wabble, der mit über neunzig noch in sich geht und natürlich Hadschi Halef Omar, der seinen Sihdi zum rechten Glauben bekehren wollte, er mochte wollen oder nicht.

Karl May schafft klare Verhältnisse: hier ein Gesicht, wie aus Holz roh zugehackt, dort eines, in dem ein freundliches Licht aufleuchtet wie eine Weihnachtskerze – immer dann, wenn Güte und Edelmut angesagt sind. Der begeisterte Leser weiß immer, woran er ist und vor allem, wo er ist – im Lande des Karl May. Im Wilden Westen herrschen der edle Wilde Winnetou und sein treuer Begleiter Old Shatterhand, und im prächtigen Orient gebieten Kara Ben Nemsi und sein unvermeidlicher Freund und Weggefährte Hadschi Halef Omar.

(Vorsicht! Im alles entscheidenden Karl-May-Wissenstest am Ende dieses Buches gehört die Frage nach dem vollständigen Namen des Hadschi zu den leichtesten Übungen!) Deshalb nochmals vollständig: Hadschi Halef Omar Ben Hadschi Abul Abbas Ibn Hadschi Dawuhd al Gossarah. Winnetou ist eine rechte Edelgestalt – so edel, daß er eigentlich gar nicht da ist. Andererseits ist er aber doch da, derart massiv und vollkommen, daß man sich wundern muß, wie der Wilde Westen nach seinem Tod ohne ihn zurecht kommt. Aber keine Sorge – er kommt immer wieder zurück in den grünen Bänden und fasziniert aufs neue jugendliche und erwachsene Leser, die dann bald zu seinen Gefolgsscharen zählen. Auf den ersten May kann man sich immer noch verlassen – es ist und bleibt ein „Winnetou".

16

Karl May und die Feinde – Kampf ohne Henrystutzen und Tschakan

Die Frage, was denn um Himmels willen ein Henrystutzen sei, können gestandene Karl-May-Fans nur mit einem müden Lächeln beantworten. Und auch auf die Erkundigung, was ein Tschakan sei, kann der Karl-May-geprüfte Leser mit Stolz z. B. auf eine Stelle des „Schut" verweisen, in der ab Seite 13 zu lesen steht, wie trefflich Kara Ben Nemsi mit diesem Wurf-, Schlacht- und Hackbeil der Skipetaren umzugehen versteht – obwohl er bis dato nur Übung mit dem Tomahawk hatte.

Aber für Kara Ben Nemsi reicht auch das. Weitaus schwieriger

war es für ihn und für sein deutsch-amerikanisches Double Old Shatterhand als Karl May zu bestehen. Karl May, das ist unbestreitbar, wäre heute der Stargast jeder Talk-Show. Schon vor weit über achtzig Jahren wußte er sich zu präsentieren wie Mick Jagger in seiner Glanzzeit.

Bei einer Lesung in München drängten seine Fans in derartigen Massen herbei, daß die Polizei Wasserwerfer einsetzte. Und heute wäre Karl May überall zugleich: mit Gerhard Schmitt-Thiel würde er gemeinsam die ARD-Silvestersendung von 1999 moderieren (*„Nich wahr, meene lieben Leser – jetzd mach mer uns een paar scheene Stunden!"*), oder bei Karl Dalls „Jux und Dallerei", wo der wortgewandt sächselnde May den schönen Karl gar nicht zu Wort kommen ließe. Zu Georg Thomalla, einem der zahlreichen Hadschi Halef Omars aus den Karl-May-Filmen, würde er vielleicht sagen *„Ich mag Sie"* und zu Karin Dor, der mittlerweile gereiften Ribanna (Winnetous Liebling!) sogar *„Ich mag Sie sehr!"* Hella von Sinnen drückte er einfach an die Wand, indem er in Schaftstiefeln und auch sonst mit stilechtem Old-Shatterhand-Kostüm samt Henrystutzen, Silberbüchse und Bärentöter auf die Bühne polterte und sagte: *„Hier stehe ich, ich kann nicht anders!"* Was macht es da schon aus, daß der „Henrystutzen" keineswegs aus der Waffenschmiede von

> **Karl May im stilechten Wildwest-Kostüm – Medienstar und gefragter Talkgast auf allen Kanälen.**

„Mr. Henry, the Gunsmith" in St. Louis stammt, sondern „nur" – ebenso wie die „Silberbüchse"

und der „Bärentöter" – die Werkstatt von Max Fuchs in Kötzschenbroda verlassen hat.
Heute hätte Karl May weitaus weniger Schwierigkeiten, sich mediengerecht aufmischen zu lassen. Die Macht der Medien macht's – und daß wir in einigen Bereichen Vorurteile abgebaut haben. So brauchte sich May seiner kleinkriminellen Vergangenheit nicht zu schämen. Als ehemaliger Eierdieb könnte er in einer Talk-Show wohlgemut neben Barbara Valentin sitzen, wie einst der gewesene Bankräuber Burkhard Driest neben Romy Schneider.

Doch leider hat ein widriges Schicksal den Autor des „Wurzelsepp" und der „Sklavenkarawane" tief ins neunzehnte Jahrhundert verschlagen und das Jahr 1842 für ihn zum Geburtsjahr werden lassen. Karl

May wurde in eine Zeit hineingeboren, in der Straftäter nur davon träumen konnten, in ähnlich zuvorkommender Weise behandelt zu werden wie die Gäste heutiger Justizvollzugsanstalten.
Karl May hat wegen diverser Betrügereien im Gefängnis gesessen und sich danach mit Feuereifer auf den Schriftstellerberuf geworfen.

☞ Möglicherweise hätte er seine literarische Begabung niemals entdeckt, wenn er nicht im Knast gesessen hätte ...
Ja, und vielleicht rennen – damals wie heute – eine Menge Leute draußen herum, die auf den Punkt genau wie Karl May, Burkhard Driest oder Charles Bukowski sein könnten – nur, leider, sie sind halt nicht im Knast gewesen.
Andererseits, jede Menge Knastbrüder können – damals wie heute – im Karl-May- oder Charles-Bukowski-Outfit ganz

20

kleine illegale Brötchen backen, statt groß ins literarische Geschäft einzusteigen. Wie's auch gewesen sein mag, Karl May geriet schnell ins Kreuzfeuer wilhelminischer Breitseiten. Weil er im Knast war, war er für die bürgerliche Mitwelt erst mal erledigt.

Voll munteren Tatendranges belehrte ein Professor Dr. Kleinberg aus Teschen in einem fünf Jahre nach dem Tod Karl Mays erschienenen Nekrolog die Leser darüber, welchem Unhold sie aufgesessen sind: Es gebe, so schreibt er „reine und unmittelbarere Quellen als M.'s abgeleitete Afterkunst". Und überhaupt habe er gelogen, betrogen und so weiter und so fort. Der unausgesprochene Vorwurf steht dahinter: Ja, wie könnt ihr so was überhaupt lesen? Seine Fans – die bald nach Millionen zählten – haben

ihm, allen Anfeindungen zum Trotz, die Treue gehalten. Und Karl May wußte sich zu revanchieren – ließ sich im Old-Shatterhand-Kostüm ablichten und verteilte Fan-Postkarten mit diesem Bildnis. Da steht er, um die 1,65 m groß, martialisch auf Winnetous Silberbüchse gestützt und blickt grimmig in die Kamera. Auch konnte er der Versuchung nicht widerstehen, gelegentlich als Dr. Karl May zu firmieren. Von irgendeinem Konsul Weyer (gab's damals schon!) besorgte er sich den begehrten Titel. Und wenn er als erfolgreicher Autor von einer durchreisenden amerikanischen Witwe gefragt wurde, was er denn so um 1870 getan habe, als Deutschlands Jugend auf Schlachtfeldern so dies und jenes trieb, pflegte er eben, leicht errötend, zu sagen: *„Nu – meen Gott – da*

21

Winneduh durch die Prärie reiden!"

Klar, daß er nicht jedermann auf die Nase binden wollte, wo er diese Zeit in Wirklichkeit verbracht hatte. Verständlich auch, daß er die als erfolgreicher Autor erreichte Bürgerlichkeit nicht aufgeben mochte. Lieber als polyglotter Weltbürger mit Henrystutzen und Tschakan in den Händen und rund zwanzig Sprachen im Kopf dastehen, als ein aus dem Knast entlassener Dunkelmann sein!

Karl May hatte das Pech, seiner Zeit weit voraus zu sein – sein way of life hätte weitaus besser zum Ende des zwanzigsten Jahrhunderts gepaßt als ins neunzehnte. Und seine Bücher waren schon zu seinen Lebzeiten Selbstläufer – ihre millionenfache Auflage heute hätte ihn längst zum Michael Jackson des literarischen Show-Business gemacht, die Honorare für Filmdreh-

bücher, Fernsehserien,Comic-Strips. Langspielplatten, Hörspielkassetten und CD-Platten gar nicht mitgerechnet. Doch zu seinen Lebzeiten mußte Karl May viel Kraft und Geld für Prozesse aufwenden, mit denen er seine Ehre als Mensch und Schriftsteller retten wollte, und hatte vielfach nur den Erfolg, daß seine Siege nach dem Motto des Wettlaufs zwischen Hase und Igel entschieden wurden: jemand steckte am Ende eines Prozesses seinen Kopf aus irgendeinem Loch und rief: „Ick bün schon da!" Und behauptete beispielsweise, daß Karl May für den radikalen Sittenverfall des neunzehnten Jahrhunderts ganz allein verantwortlich sei. Fast alle Menschen konnten jetzt lesen – und ein Riesenheer von Autoren stand bereit, den gewaltigen Lesehunger zu stillen. Karl May hatte zweifellos ein goldenes Händchen in der Auswahl seiner Stoffe. Er schnippte nur mit den Fingern und schuf für die Dienstboten in der Beletage der Patrizierhäuser handfeste Träume von fernen Ländern, während die Patrizierknaben aus den selben Häusern schon längst unter der Bettdecke Karl May schmökerten.

Fernsehen gab's noch nicht. Film und Schallplatte standen erst in den Startlöchern. Aber zu lesen gab's en masse. Die erhobenen Zeigefinger feierten stürmische Triumphe. Besonders bitter bekamen das jene Autoren zu spüren, die gerne und oft gelesen wurden.

Übrigens: Niemand soll glauben, daß oft gelesene Schriftsteller zwangsläufig auch gern gelesene sind.

Mit dem „Faust" im Nacken sind Millionen deutscher Schüler bis heute traktiert worden – aber ob sie Goethe deswegen gern gelesen haben? Das war's ja, was die selbsternannten Kulturbewahrer des 19. Jahrhunderts so maßlos gefuchst hat – da standen in preiswerten Volksausgaben Goethe, Schiller, Lessing nebeneinander, und kein Aas guckte hin. Karl May dagegen sammelte zunächst in Zeitschriften wie „Deutsches Familienblatt", „Feierstunden" oder dem „Deutschen Hausschatz" seine Leser um sich, um dann diese Getreuen mühelos als begeisterte Fans der „Reiseerzählungen" zu gewinnen.

Karl May hätte sich schon zu Lebzeiten um neue Leser keine Sorgen machen müssen. Doch leider, er fiel als Kind seiner Zeit allzu oft auf Literaturwissenschaftler, Psychologen und Kunstrichter herein, die sämtlich ein „Dr." vor dem Namen trugen und einer staunenden Öffentlichkeit, unbeeindruckt von Mays händeringenden Gegendarstellungen, das Schauermärchen vom gefallenen Schriftsteller in immer neuen Variationen vortrugen. So verstrickte er sich in eine Prozeßlawine, die ihn fast erstickte und die überflüssig wie ein Kropf war. Wer weiß – hätte er seinen Gegnern ein knappes, aber gut goethesches „Ihr könnt mich alle mal am A...!" zugerufen, sich danach an seinen Schreibtisch gesetzt und fleißig weitergeschrieben – er selbst wäre sicherlich glücklicher gewesen. Und seine Leser sowieso.

Literaturwissenschaftler, Psychologen und Kunstrichter klagen an.

25

„Als die Frauen noch keine Seelen hatten ..."

Der May für die Damen

Die Mädchen, Damen und emanzipierten Frauen sollen nicht länger auf die Folter gespannt werden. Was im ersten Kapitel schon angedeutet wurde, wird jetzt mit Brief und Siegel genannt. Der Autor muß allerdings vorher um Verzeihung bitten – bei den Leserinnen und auch bei einigen Lesern. Denn Karl May hat sich nicht unbedingt um die Emanzipation der Frauen verdient gemacht. Wahrscheinlich hatte er auch so schon genug Probleme.

Ein Satz, den sich jeder ernstzunehmende Macho mit Genuß auf der Zunge zergehen läßt, steht in *Winnetou, Zweiter Band* auf Seite 323 der Bamberger Ausgabe. Die bösen Komantschen haben Winnetous Apatschen-Crew einen „Arbeitsbesuch" abgestattet und bei dieser Gelegenheit einige Pferde und ein paar Frauen mitgehen lassen. Und was sagt Winnetou dazu, als der berühmte Westmann Old Death mit ihm darüber verhandelt, ob sich die Sache nicht auch ohne Blutvergießen bereinigen ließe, zum Beispiel durch Rückerstattung des geraubten Gutes? *„Pferde"*, sagt Winnetou, edelster der Indianer und

Häuptling der Apatschen, *„nimmt man zurück, aber Frauen nicht."* Mit diesem Satz hat er sich freilich für alle Zeit aus der Mitarbeit für die Emanzipationsliga herauskatapultiert. Schamrot wird der/die Leser/in, sobald er/sie weiterliest. *„Ferner müssen sie uns so viele junge Mädchen ausliefern, wie sie uns Frauen und Töchter entführten."* Punktum. So einfach ist das. Die Frauen und Mädchen gelten ab jetzt wohl als „gebraucht". Und Gebrauchtes ist vom Umtausch nun mal ausgeschlossen. Mancher versteckte Chauvi mag sich bei diesem männlichen Kernspruch noch an anderes entsinnen, etwa an einen Film von Howard Hughes, in dem sich gegen Ende – sinngemäß – folgender Dialog zwischen den beiden Haupthelden entspinnt: Haupt-Held I: *„Okay, Bruder. Nimmst du lieber das Pferd oder die Frau?"*

28

Haupt-Held II: *„Oh yeah, Mann. Ich nehm den Gaul!"* Schwingt sich in den Sattel und reitet frohgemut in den Sonnenuntergang. Ein Abgang im besten Karl-May-Stil!

Aber nicht nur in den *Dark and bloody grounds"* des Wilden Westens schurigeln Maysche Helden die Frauen. **Auch in den geschichtsträchtigen Gefilden des Orients wird wider die Frauen gezürnt.** Allerdings läßt Karl May hier seinen Halef reden und schreibt sich selbst den angenehmeren Teil in die Bücher. Wenn der Hadschi den Zeiten nachträumt, als Mohammed und Co. den Frauen keine Seele zur Verfügung stellten, sondern nur die *„wahren Gläubigen"* – sprich: die Männer – ins Paradies lassen wollten, weist sein Sihdi Kara Ben Nemsi ihn mit milden Worten zurecht. Originalton May: *„Schau, Sihdi, als die Frauen noch keine Seelen hatten ..."* – *„Still! Sie haben stets welche gehabt."* Nachzulesen in *Bei den Trümmern von Babylon,* Bamberger Ausgabe, Seite 53. Allerdings versteht Kara Ben Nemsi sich darauf, feinsinnige Unterscheidungen zu treffen. So trennt er in einem seelsorgerischen

DAS WEIBSBILD NACH KARL MAY

ERSTAUNLICH, WENN MAN BEDENKT, WIE GENAU ER KURDISTAN BESCHRIEBEN HAT...

Gespräch, das er mit Halefs Frau führt, sorgfältig die Schafe von den Böcken:

„Der Mann soll ein Bild der göttlichen Allmacht, das Weib ein Bild der göttlichen Güte und Liebe sein."

Auch hier zeigt sich Karl May als gebranntes Kind seiner Zeit. Der Mann steht für Allmacht, die Frau für Güte und Liebe und Willem zwo als Kaiser obendrauf. Karl May stellte in dieser Hinsicht weiß Gott keine Ausnahme dar.

Und wieder zurück zu *Winnetou, Zweiter Band: „Winnetou traut der Nacht nicht, denn sie ist ein Weib."* Spricht's markig aus und stapft zur Nachtwache in die Dunkelheit. **Frauen sind dem edelsten der Indianer ohnehin nicht geheuer.** Glück scheint er ihnen

sowieso nicht zu bringen. Nscho-tschi, seine schnuckelige Schwester, der er in reiner Bruderliebe zugetan war, wird vom bösen Santer meuchlings erschossen. Ribanna, die er sich gerade zum Feinsliebchen erkoren hatte, heiratet prompt einen Weißen und wird später zu allem Überfluß von einem üblen Typ namens Tim Finnetey weggeputzt. Dieser Mensch ist so schrecklich, daß ihm die als Bleichgesicht verübten Bübereien nicht reichen und er als Indianerhäuptling Parranoh in vorderster Front brennt, schändet und skalpiert.

Winnetou aber hat Grundsätze: kann er Ribanna nicht kriegen (1. ist sie ja verheiratet und 2. eh in den ewigen Jagdgründen), will er nun gar keine Frau mehr. Er schmollt und möchte solo bleiben, was wir bei Licht betrachtet gar nicht so schlimm finden können bei einem Mann, der Pferde zurücknimmt, aber Frauen nicht. Während Hadschi Halef Omar wenigstens seine Hanneh ordentlich zur Frau genommen hat, und das sogar schon im allerersten Band der *Gesammelten Werke,* wollte Winnetou nur einmal und dann nie wieder.

Offenbar brachte es nicht einmal Karl May fertig, für seinen superprächtigen Apatschenhäuptling eine ebenso prächtige Frau zu finden, die er noch dazu am Leben hätte halten können. Dabei herrscht an edlen Damen, prächtigen Frauen wie auch an alten Jungfern im Gesamtwerk Karl Mays durchaus kein Mangel. Da sind liebreizende und gescheite Squaws – die allemal jung sind und Old Shatterhand immer wieder vom Marterpfahl schneiden. Da sind edle Damen von

Adel – die Ulrike von Helfenstein heißen oder Ella von Perret – die Old Shatterhand höchstens vom Marterpfahl schneiden lassen. Letztere – beispielsweise Ulrike von Helfenstein – heiraten gelegentlich auch, aber dann nur Herren von Adel – und wenn die Herren der Schöpfung einmal einen bürgerlichen Namen tragen, sind sie durch Mut, Gewandtheit sowie Karl Mays fuchsige Feder im Handumdrehen zum *Fürsten van Zoom* geworden.

Böse Frauen gibt es auch bei Karl May – wie die *Miß Admiral,* die durch und durch böse, schurkisch und verlogen ist, dabei aber so blendend aussieht, daß man ersteres bei der Lektüre zu vergessen bereit ist. **Die guten und edlen Frauen hingegen strahlen so etwas wie Langeweile aus – unfreiwillig zumeist.** Aber vielleicht hat das auch nur

Adelstitel bei Karl May: Kein Problem, der Meister besorgt sie im Handumdrehen!

31

etwas mit unserem gestiegenen Unterhaltungsbedürfnis zu tun. So vielfältig die Frauen auch bei Karl May in Erscheinung treten – sie werden, wie nahezu alles bei ihm, auf zwei Kategorien reduziert, auf Gut und Böse.

So gibt es vor Dreck starrende Frauengestalten – kurdischen Geblüts – wie *Madana, Petersilie* genannt, die ihren Auftritt im Band *Durchs wilde Kurdistan* hat. Offensichtlich kommt sie nicht einmal im entferntesten für eine Verehelichung mit Kara Ben Nemsi in Betracht, denn der stets auf Reinlichkeit bedachte Weltläufer stellt fest, daß ihr ein Duft entströmt, *„der aus den Gerüchen von Knoblauch, faulen Fischen, toten Ratten, Seifenwasser und verbrannten Knochen zusammengesetzt zu sein schien“.*

Madanas Herz und Seele dagegen sind prachtvoll, und sie kann sich mit Fug und Recht Kara Ben Nemsis Freundin nennen,

ICH GEHE AUF REISEN, HANNEH, DU ROSE DER WÜSTE! ZEIGE DICH MIR NOCH EINMAL, DAMIT DEIN BILD IN MEINEM HERZEN...

da sie ihn beinah vom Tod errettet hätte.

Einem solchen Prachtmädel muß Karl May natürlich ein weiteres an die Seite stellen. *Ingdscha* heißt das Geschöpf – groß, stark und schön und darum nach Halefs Meinung so recht für den schönen, starken und großen Sihdi geeignet. Aber der mag ja nun mal nicht!

Wiederum im selben Band (der May hat Frauen ohne Zahl) taucht *Marah Durimeh* auf, die so groß, so edel und überdies so alt ist, daß Karl May sie dem bedrängten Land nur noch als *„Geist der Höhle"* zuführen kann. In dieser Verkleidung tut sie durchaus Vernünftiges – sie schafft Frieden zwischen Stämmen, die sich in den Haaren liegen. Mit ihr hatte Karl May offenbar derart Großes vor, daß er die Ausgestaltung immer wieder hinausschob, bis er schließlich durch den Tod daran gehindert wurde, sie auszuführen.

... MICH VOR HEIM-WEH BEWAHRE!

☞ Mit Müttern hat er's freilich immer gehabt. Mit Großmüttern auch. An beiden Familienfiguren hat er so lange herumgebastelt, bis sie zu wahren Heiligenfiguren wurden. In der Erzählung *Die Söhne des Upsaroka* etwa läßt sich eine liebende Mutter von giftigen Schlangen beißen, um ihre Söhne vor frühzeitigem Ableben zu bewahren. Aber keine Sorge, sie überlebt, weil die Schlangen sich schon vorher gegenseitig totgebissen haben.

Und Marah Durimeh? Hier läuft Karl May – als Meister aller Altersklassen – zur Spitzenform auf. Sie ist für ihn im Orient, was Winnetou für den Wilden Westen ist. Und wenn Winnetou einen eigenen Berg gewidmet bekommt – den *Mount Winnetou* – dann kriegt Marah Durimeh auch einen ab – den *Dschebel Marah Durimeh*. Damit

aber nicht genug: erst mal ist sie uralt – so um die hundert Jahre –, zweitens war sie in grauer Vorzeit eine Königin, und drittens ist sie eigentlich ein Geist. Ja, als *Ruh i kulyan,* als *Geist der Höhle* stiftet sie in einem fort Frieden zwischen islamischen und christlichen Kurden. Ja, so jemand brauchten wir heute! Welche Vorstellung: Saddam Hussein und George Bush bei Marah Durimeh! Sie kämen am Ende aus der Höhle und sagten zu Kara Ben Nemsi:

„Herr, diese Frau ist eigentlich eine Königin und was sie zu uns redete, hat unsere Herzen zum Frieden gestimmt."

Der ganze Golf-Krieg wäre uns erspart geblieben. Doch verlassen wir die Traumzone wieder.

Friedlich ist er allemal, der Karl May. Zählte doch immerhin die Leib-

und Seele-Pazifistin Bertha von Suttner zu seinen Freundinnen. Friedlich sind in der Regel auch Karl Mays Frauengestalten – von den Bösewicherinnen mal abgesehen.

> **Übrigens – zahlenmäßig haben die Damen des Orients einen deutlichen Vorsprung gegenüber den Schwestern des Wilden Westens.**

Wir haben, gleich im ersten Band der *Gesammelten Werke* Senitza, die dunkeläugige Schöne aus Kahira, dann Hanneh, den Leit- und Fixstern Hadschi Halef Omars, Marah Durimeh, die Championeuse der Großmütter, Madana, die duftende Petersilie, die „Perle" Ingdscha, Mersinah, die treusorgende Haushälterin, Schakara, Merhameh, Dschumeila und noch andere: sie alle säumen als mehr oder weniger feminine Meilensteine die lange, lange Straße Kara Ben Nemsis. Im Orient, wohlgemerkt.

Im Vergleich dazu sieht's in Amerika für die Frauen düsterer aus. Die früh verblichenen Nscho-tschi und Ribanna können wir hier nicht mitzählen. Weil Karl May es denn so haben will, scheiden sie in der Blüte ihrer Jahre dahin. Warum nur? Läßt er sie so früh sterben, weil er ein verkappter Rassist ist? Nein, nein – nicht Karl May. Aber warum läßt er dann keinen gealterten weiblichen Winnetou am Lagerfeuer sitzen und die Mit- und Nachwelt mit weisen Sprüchen bereichern? Vielleicht liegt's ganz einfach daran, daß Karl May hier den Vorbetern morgenländischer Kultur blindlings folgt: der Orient hat, seiner Meinung nach, als einzigen Schönheitsfehler den

Warum nur werden die Frauen der Neuen Welt bei Karl May nicht alt?

35

Islam, den Mohammed ihm nun mal leider aufs Auge gedrückt hat. Aber sonst hat er ein paar tausend Jahre Kultur aufzuweisen, vor denen wir Abendländer uns in Ehrfurcht verneigen müssen. Meint Karl May, der uns eifrigst vorführt, was er darunter versteht. Zum Beispiel Arm in Arm mit Altmeister Goethe einherzuspazieren, der bekanntlich irgend etwas von der Wechselwirkung des Orients auf den Okzident zu sagen wußte. Oder er hat als alter Lateiner noch das Sprichwort im Kopf *Ex oriente lux* – was sinngemäß bedeutet, daß den wahren Gläubigen von dort aus kräftig heimgeleuchtet wird.

Frauen, die wissen, wo's lang geht, sind allerdings selten bei May anzutreffen. Und Frauen, die's nicht nur wissen, sondern (ohne die Männer zu fragen) auch danach handeln, werden kurzerhand dem Reich des Bösen zugeordnet. Die *Miß Admiral* zum Beispiel, oder aus den *Trümmern von Babylon* die geheimnisvolle *Gul-i-Schiras,* die als *Rose von Schiras* zwar sehr geheimnisvoll wirkt, aber eben doch ein rechtes Aas ist.

Im Wilden Westen wiederum stehen Frauen ihren Mann (Verzeihung: ihre Frau), so wie sich's nach Mei-

Tatsache ist: bei den Rothäuten gilt ihm allenfalls noch Winnetou als Kulturträger – die Frauen scheiden aus. Der Orient hingegen ist so weit von Kultur bedeckt, daß er in seinen Büchern getrost auch die Frauen mit aufmarschieren lassen kann.

Was Frauen alles dürfen: Kochen, putzen, nähen, auch mal schießen – aber auf keinen Fall treffen.

nung von Karl May gehört: als echte und rechte Siedlerinnen, die ihren Männern bei der Befriedung des feindlichen Kontinents mit Essenkochen, Putzen, Spülen, Nähen und dergleichen friedlichen Verrichtungen zur Hand gehen. Sie können auch mal ein Gewehr in die Hand nehmen, sogar damit schießen, aber treffen – das dürfen eben nur Männer. Im übrigen würden Frauen hier nur stören, weswegen die echten, richtigen Westmänner denn auch allesamt unverheiratet sind. Sam Hawkens mitsamt seinem Kleeblatt Dick Stone und Will Parker – sollten sie auf den gefahrvollen Reisen durch die Prärie ihre angetrauten Frauen auf dem Packpferd mit sich führen?

D er Westmann Old Shatterhand befreit in seiner Glanzrolle als *Bruder Scharlih Superstar* den Westmann Old Surehand (in *Old Surehand Band I*). Geruhsam schwimmt er mit ihm über einen See, lüftet (symbolisch) den Hut und stellt sich vor.

„Das konnten nur Westmänner tun!"

schwärmt er begeistert. Ich bitte den Leser: soll Bruder Scharlih dabei noch ein rechtmäßig angetrautes Eheweib im Schlauchboot mit sich führen? Denn rechtmäßig angetraut müßte es schon sein, oder sollte er etwa eine Frau mit sich führen, ohne mit ihr verheiratet zu sein, oder gar eine Person, die ihren Lebensunterhalt als ... nein, nein! Das kommt bei Karl May, Old Shatterhand und Kara Ben Nemsi nicht vor!

S o sind also die Frauen bei Karl May. Und bei Hedwig Courths-Mahler, Eugenie Marlitt oder

38

Johanna Spyri, die die lesehungrigen Massen damals bedienten, war's nicht viel anders. Edel mußte der Mensch sein, hilfreich und gut! Besonders die Frauen, die bei Karl May bisweilen sogar etwas Überirdisches verkörpern.

Bei mir, so dachte er vermutlich, *soll's noch um ein paar Grade edler, hilfreicher und gütiger zugehen als anderswo! Nur nicht den Verdacht aufkommen lassen, ich hielte es mit Kriminellen!*

So gerieten seine guten Weißen und edlen Häuptlinge, die aufrechten Löwenjäger und bärtigen Beduinen nicht nur edel, sondern bombastisch, und die guten Frauen sind eben nicht nur gut, sondern gütig bis zur Schmerzgrenze. Und nicht bloß alt, sondern uralt.

Durch widrige Lebensumstände wurde Karl May ohnehin daran gehindert, die Frauen und ihr Wesen gründlich zu studieren. Ein bißchen erinnern seine Beschreibungen daran, wie der kleine Fritz sich die Frauen vorstellt, ohne sich näher ranzutrauen. Karl May war zweimal verheiratet. Über beide Ehen ist sehr viel geschrieben worden. Aber eins wollen wir, bei allem Respekt, mal festhalten: Ein Sex-Maniak war er vermutlich nicht. Deswegen haben fast alle Frauen bei ihm ein reines Herz. Und die, die's nicht haben, sind böse. Nicht mehr und nicht weniger.
Im Grunde hat Karl May heillosen Respekt vor Frauen, und er gibt sie so wieder, wie er sie sich vorstellt. Und er stellt sie sich so vor, wie sie im Märchen auftreten: märchenhaft gut oder märchenhaft böse – oder märchenhaft schmutzig.

39

Winnetou Superstar

Erzlangweiler, Edelmensch oder verkleideter Superman?

Winnetou Superstar – okay. Aber Erzlangweiler? Nicht doch! Nicht unser Winnetou. Und Edelmensch? Aber sicher! Karl May hat schließlich nicht umsonst in Wien, eine Woche vor seinem Tod, einen Vortrag gehalten *Empor ins Reich der Edelmenschen!*
Und Winnetou, samt seinem Berg, dem Mount Winnetou, nimmt darin natürlich einen Ehrenplatz ein. Ja, und wie ist es mit ihm als verkleidetem Superman? Na, was heißt hier überhaupt verkleidet? **Schon lange bevor jemand auf die Idee kam, einen rot-blau gewandeten Jüngling mit Riesenmuskeln durch die Weltgeschichte sausen zu lassen, sorgte Winnetou im Wilden Westen für Recht und Ordnung.**

Mit dem Erzlangweiler ist das freilich so eine Sache. Winnetou kommt gleich nach Jesus Christus und lange vor Siegfried, dem Drachentöter. Zumindest in seiner Funktion als Vorbild-Reiter der deutschen Jugend und anderer Verbände. Als solcher besteht er jede Menge Abenteuer. Und Winnetou reitet, schießt und rettet natürlich für Deutschland. Was Wunder, daß er selbstverständlich auch einmal beim Bruder Scharlih hereinschaut, um in traulicher Runde dessen hörbarem Beitrag in einem Gesangverein zu lauschen und danach seine Wohnung sorgsam zu begutachten.

☞ Der perfekte Reiter, vortreffliche Schütze und edle Retter Winnetou tötet seine Feinde selbstredend nur in Notwehr, oder wenn er, den Gesetzen des Westens folgend, die Strafe auf dem Fuße folgen lassen muß. Immer jedoch hebt er zuvor mahnend den Finger und bittet seine weißen oder roten Brüder (da haben wir's – wieder mal **keine** Schwestern!) händeringend, sich doch nicht gegenseitig den Schädel einzuschlagen. Aber die rufen im Chor: *„Wir mögen halt nicht!"* und aus ist es mit dem Friedensnobelpreis. Im Ernst: wenn

Winnetou – eigentlich ein idealer Kandidat für den Friedensnobelpreis!

ihn je einer verdient hätte, dann Winnetou! Was hat er, Arm in Arm mit seinem Bruder Scharlih, nicht alles für den Frieden getan! Da kann einer ja gar keine Zeit mehr fürs Privatleben haben!

Doch wir schweifen ab. Stellen wir uns die Frage: wo wäre Winnetou ohne seine fulminanten Gewehrschüsse, seine fürchterlichen Messerstiche (gestandene Karl-May-Fans wissen: Old Shatterhand hat einst von Winnetou einen Stich in den Hals bekommen) und die schwindelerregenden Kletterkünste? Die Antwort ist einfach: im indianischen Altersheim **Red Man's Rest,** wo er, uralt und zahnlos, indianische Friedensbotschaften vor sich hinmümmeln und Sahnebonbons an die Erben verteilen würde.

Wenn er spricht, meint Karl May, wird er zum Dichter und ist alles andere als langweilig, denn Winnetou weiß seine Worte wohl zu setzen:

„Dort flammten soeben noch das Feuer und die Glut des Lebens! Nun ist's vorbei, und Finsternis steigt auf. Geh hin! Kannst Du die Schatten verjagen, die dort niedersinken?"

Winnetou spricht so, wie sich's Karl May und der Rest der zivilisierten Welt vorstellten. Wilde gab's immerhin, und Wilde, die von den verderbenbringenden Einflüssen der Zivilisation weitgehend unbeleckt blieben, waren edel. Edle Menschen aber äußern edel klingende Sätze. Und so entfährt Winnetou, während er die Silberbüchse anlegt und sein Messer schnell und sicher gegen den Grizzly-Bären führt, ein edler Satz nach dem anderen. *„Wenn die Sonne hinuntersinkt, umkleidet sich der Himmel mit Farben von Gold und Silber; so soll der Heimgang deines armen Bruders verklärt und erleichtert werden durch das vor ihm verborgene Mitleid unserer Herzen. Howgh!"*

Nur dieses indianische Kernwort am Schluß verrät den Indianer, ansonsten könnte man glauben, der Vorsitzende der Evangelischen Synode spräche das Schlußwort auf einer Tagung der Synodalen. Oder der Vorsitzende der katholischen Bischofskonferenz. Hätte, so fragt sich der geneigte Leser, sein Vater Intschu tschuna Winnetou nicht lieber Pfarrer werden lassen sollen?

Sollte jetzt jemand die Hand heben und sagen: *„Hörn Se mal! 'n Indianer als Pfarrer! Wo gibt's denn so was?"*, kann der Karl-May-geprüfte Fan und Leser sogleich auf den zweiten Band von Old Surehand verweisen, in

43

dem von einem *Padre Diterico* die Rede ist, der sich gelegentlich auch *Wawa Derrick* nennen läßt und geradezu haarsträubende Abenteuer erlebt. Es gibt sie also, die roten Prediger, zumal im Mayschen Universum. Und wer weiß, was geschehen wäre, wenn Winnetou Sonntag morgens zum Gottesdienst geläutet hätte. Der Llano estacado und die Ölfelder von Texas wären vermutlich schwarz vor Menschen gewesen ... Phantasien in dieser Richtung hat Karl May immerhin selbst entwickelt, so in seinem Band *Winnetous Erben*.

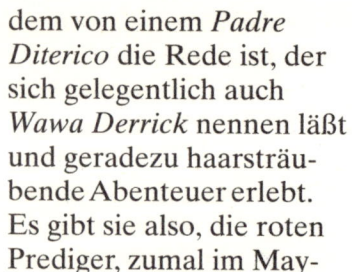

Hier kann Winnetou als Lenker des roten Geschicks zwar nicht mehr selbst aktiv werden, aber dazu hat er schließlich seine Gläubigen, die als Begründer einer neuen amerikanisch-indianischen Rasse nach Mays Auffassung den Yankees schon zeigen werden, wo der Bartel den Most holt.

In den Bücherregalen und mehr noch in den Köpfen der Leser ist Winnetou, der rote Gentleman, jedoch nach wie vor am Wirken. Und er muß sich beeilen, denn Karl May hat ihm nur eine kurze Frist zugemessen. Vierzehn Jahre, in denen er gemeinsam mit seinem Bruder Scharlih schalten und walten, reiten und schießen, Geld verschenken und Frieden stiften darf – und letzteres tut er doch gar zu gern. Vierzehn Jahre, in denen ihm Publizität weiß Gott sicher war – von *Inn-nu-woh*, dem *Indianerhäuptling* –

1875 geschrieben – bis zum Groß- und Prachtband der *Gesammelten Werke*, dem *Winnetou III*, in dem der edelste aller Indianer und Häuptlinge den schönsten aller Häuptlings- und Indianertode stirbt. Untergebracht hat Karl May diese vierzehn Jahre Winnetou in achtzehn Jahren seines schriftstellerischen Schaffens: *Inn-nu-woh* ist wie gesagt 1875 entstanden, und für das letzte Ausrufezeichen im dritten Band des *Winnetou* tauchte Karl May 1893 die Feder in die Tinte.

> **Vierzehn Jahre Winnetou – in den Köpfen seiner Leser wirkt er fort, immer noch.**

Diese 14 Jahre haben sich in über 100 Jahren im Bewußtsein von alten und jungen Lesern verankert, und noch ist kein Ende abzusehen.

Der edelste aller Indianer stirbt – natürlich den schönsten aller Indianertode.

45

Wie aber ist das mit dem Edelmen-schen? Karl May hat in seinen späteren Jahren oft und gern dieses Wort im Mund und in der Feder geführt. Freilich klingt dieser Begriff heute in unseren Ohren nach Federboa und Fuchspelz-kragen, mit einem Wort: angestaubt. Nun können allerdings, unter bestimmten Voraussetzungen, Federboa und Fuchspelz-kragen bei Youngstern und abgebrühteren Jugendlichen, wenn der Wind günstig steht und sonst alles o. k. ist, durchaus zu mordsmäßigen Rennern werden. Untersuchen wir also mal, was es mit dem Edelmenschentum so auf sich hat. Eines ist klar: langweilig muß der Edelmensch nicht sein! Wenn auch Karl May mit seinem im März 1912 – kurz vor seinem Tod – gehaltenen Vortrag *Empor ins Reich der Edelmenschen!* nicht gerade einen Preis für

Ein Erzlangweiler aber hätte es mit Sicherheit nicht geschafft, im Bewußtsein und in den Bücherregalen ein so langes und immer noch vielverspre-chendes Leben zu führen.

Kurzweiligkeit erhalten hätte. Zwar betont er noch einmal, daß er nur *„das eine große irdische Ziel: ‚Und Friede auf Erden!'"* anstrebe, aber dann erfreut er die ergriffen Lauschenden mit allerlei Gedichten, von denen hier nur die erste Zeile des ersten Poems zitiert werden soll: *„Grüß Gott, du liebes Tröpflein Tau!"* Na ja. Dieses Gedicht hat er mit *„Meine Legitimation"* überschrieben, welche sich aber mit Gewißheit aus anderen Quellen ableitet als aus solchen blütenweißen Schmankerln.

46

Wir wollen ja jetzt die Frage klären, ob unser aller Lieblingshäuptling Winnetou ein Edelmensch war. Und ein Edelmensch ist laut Karl May einer, der auf den drei Pfaden von Kunst, Religion und Wissenschaft vorwärts stapft, um Offenbarung, Erlösung und Erkenntnis zu erhaschen. Hat Winnetou diese drei Grazien denn nun erwischt? Im letzten Winnetou-Band ist immerhin, ganz am Schluß, von ihm als dem edelsten der Indianer die Rede. Seinen Hügel hat er – wie wir schon wissen – auch abgekriegt, den *Mount Winnetou*. So gerechnet hat Winnetou es – neben Marah Durimeh – ja geschafft, die Stufe zum Edelmenschentum zu erklimmen. Die sanfte Urgroßmutter hockt auf ihrem *Dschebel Marah Durimeh,* und Winnetou grüßt ernsten Gesichts vom *Mount Winnetou* herüber. Und all die anderen? Sie sind auf dem Weg, von Karl May in die richtige Spur gesetzt und immer noch unterwegs.

PAPA, GUCK! WINNETOU!

Bei Licht betrachtet: so sehr weit haben wir es in Richtung auf das Edelmenschentum auch nicht gerade gebracht. Wen hätten wir anzubieten? John F. Kennedy oder Johannes Paul den Zwoten? Schon gut! Mutter Theresa oder Mahatma Gandhi? Sie alle hätten den strengen Anforderungen Karl Mays wohl nicht genügt.

Winnetou aber ist so edel und tapfer, daß es ihn fast gar nicht geben konnte – deshalb war er ein Edelmensch.

Wer weiß, wenn Ribanna nicht erschossen, sondern von ihm geheiratet worden wäre, wenn er mit ihr in der Hochzeitsnacht klammheimlich im Wigwam verschwunden wäre – dann wäre Winnetou vielleicht weniger veredelt, aber es wäre um so kräftiger „gemenschelt" worden ... na ja!

Und ein verkleideter Superman? Gut: lange bevor die Amerikaner daran dachten, einen bebrillten Jüngling in blaue „Liebestöter", langärmlige Unterhemden und ein überdimensionales, rotes Geschirrhandtuch zu stecken und zu Luft, zu Wasser und zu Lande auf Abenteuer auszuschicken, war Karl May schon da. Er zelebrierte den deutschen Lesern seinen Winnetou so vor, daß es eine Freude war. Es ist eben nicht der icherzählende Old Shatterhand oder Kara Ben Nemsi, den Karl May sich in all seinen Wunschträumen nach Westmannsart austoben läßt, sondern ein herrlich gewachsener Winnetou – stets wie aus dem Ei gepellt, der die Frauen anzieht wie das

Licht die Motten und in ähnlicher Weise auf sie wirkt. Zum Ausgleich dafür muß cr allerdings ganz schön rackern – er sengt, brennt und skalpiert zwar nicht, aber er muß Leben von Bleichgesichtern und Rothäuten retten, verirrten Siedlern helfen und schutzlose Frauen vor ihren besoffenen Ehemännern beschützen. Das schlaucht. Für einen Augenblick müssen wir uns denn auch fragen, ob Winnetou ein solches Leben bis zum Erreichen des Rentenalters überhaupt ausgehalten hätte? Das, wofür sich Pierre Brice durch Liegestütz und Jogging in angenehmer Umgebung fit hält, hätte der durchtrainierte Körper Winnetous ohne die Annehmlichkeiten heutiger Zivilisation leisten müssen.

Winnetou tut eigentlich genau das, was später von Superman erwartet wird, nur fliegen kann er nicht. **Ganz im Ernst: der phantasiebegabte Karl May hätte noch eins draufsetzen können, seinen Winnetou**

mit Flügeln ausstatten
sollen – die Urform
Supermans wäre perfekt
gewesen. Seinen Bruder
Scharlih untern Arm
geklemmt, hätte er jeden
Ort angeflogen, wo man
nach ihm verlangt hätte.
Der Rappe Iltschi hätte
derweil, vereint mit sei-
nem Bruder Hatatitla,
gelangweilt Heu aus einer
marmornen Krippe
gefressen – er wäre
schlicht nicht mehr
gebraucht worden. So
aber hat Winnetou nur die
weite Ebene der Prärie
vor und unter sich den
Gaul. Er zieht durch Wald
und Prärie, weitaus
seltener in die Stadt – ist
aber auch dort zu Haus –
wie überall. Der rote
Gentleman findet sich –
wie Superman – in jede
Lebenslage.

Manchmal muß er
auch Zugüberfälle
im Verein mit Bruder
Scharlih verhüten, was
ihm ohne Frage gelingt,
wie Superman.

Ja, es stellt sich die Frage,
ob Superman wirklich, wie
in den Comic-Heften
getreulich berichtet, vom
Planeten Krypton auf die
Erde runtergebeamt wur-
de, oder ob er sich nicht
vielleicht doch aus einem
heimlich gezeugten Kind
Winnetous entwickelt hat?

Winnetous Verklei-
dung zumindest ist
bildschön: weißgegerbter
Jagdrock, Leggins aus
gleichem Stoff, an den
Nähten mit feinen roten
Zierstichen geschmückt.
(Ob er da selber Nadel
und Faden zur Hand
nimmt oder die
Squaws das machen
läßt?) Und schmutzig ist
Winnetou allemal nicht –
nicht die allerkleinste
Unsauberkeit ist an Rock
und Hose zu bemerken.
So steht er, in *Winnetou II*,
frischgewaschen und wie
von der Mami für den
großen Indianer-

Abschlußball ausstaffiert vor seinem Bruder Scharlih. Medizinbeutel, Friedenspfeife – eine kostbare Saltillodecke als Gürtel – es fehlt wirklich an nichts. Und erst die Waffen! Das Gewehr, mit silbernen Nägeln beschlagen, ist natürlich kein anderes als die berühmte *Silberbüchse*. Später wird sie Bruder Scharlih dem Grab am Metsur-Fluß wieder entnehmen und in Radebeul bei Dresden in der *Villa Shatterhand* stolz als Erinnerungsstück an seinen roten Bruder präsentieren.

Sein Haar ist selbstverständlich Winnetous Stolz und außerdem der Traum eines jeden Friseurs: lang, blauschwarz, helmartig geordnet und mit einer Klapperschlangenhaut durchflochten. Das Gesicht darunter paßt dazu – ernst, römisch, männlich schön – nur blaue Augen gibt's nicht, die **kann** er als Indianer nun mal nicht haben.

Da ist noch ein weiterer Punkt, den Karl May mit seiner Winnetou-Frühform des Superman vorausgeahnt hat: die unentschlossene Scheu gegenüber dem weiblichen Geschlecht. Supermans Kollegin Lois entspricht Winnetous Herzblatt Ribanna, und man weiß eigentlich nie so genau, was die beiden (jeweils) miteinander treiben, wenn sie unter sich sind. Küssen darf Superman seine Lois schon mal, zumal in den Spielfilmen – Winnetou aber darf Ribanna vermutlich nur im allerverstecktesten Wigwam küssen, bevor

> **Winnetou: Gentleman, Dressman, Superman, Edelmann – aber Mann ohne Unterleib!**

der traurige Moment ihres Ablebens kommt. Mehr ist nicht drin – unterhalb des Bauchnabels ist tote Hose.

51

Der Philosoph Ernst
Bloch – Karl-May-Fan der
ersten Stunde – meinte,
das Erotische habe der
Westmann gar nicht nötig,
und den Orient-Reisen-
den interessiere es auch
nicht – beiden seien die
zahlreichen Abenteuer
vollauf genug.

Noch eines haben
Winnetou und Super-
man gemeinsam – ihre

Vorliebe für Amerika. Im Weltraum und auf fernen Inseln treibt Superman sich zwar zuweilen herum, doch ansonsten ist er nur in *God's own Country* aktiv, stemmt Eisenbahnzüge, repariert Brücken, und das alles per Hand. Na, und Winnetou? Der betrachtet mit mildem Blick und säuerlichem Gesicht das Vordringen der Bleichgesichter und versucht seine roten Brüder und Schwestern vor dem Schlimmsten zu bewahren und zu einem friedlichen Miteinander mit den Weißen zu bewegen – leider ohne Erfolg, wie wir heute wissen. Er durchquert Amerika unermüdlich, vom Rio Grande bis zu den Rocky Mountains – und was immer auch passiert: Winnetou ist schon da. So hat er seine vierund-

dreißig Lebensjahre intensiv zu nutzen verstanden und erst recht die vierzehn an der Seite seines Bruders Scharlih.

Es ist schon so – in den schwächsten Momenten seines abenteuerlichen Lebens auf den Seiten der Karl-May-Bände wirkt Winnetou manchmal wirklich wie ein Erzlangweiler (selten zwar, ganz selten, aber zuweilen eben doch), in seinen höchsten läßt Karl May ihn als „Edelmenschen" par excellence paradieren, in den besten Augenblicken aber war und ist er wirklich der Traum aller Jungen und Junggebliebenen von 1875 bis heute – Winnetou, der indianische Superman!

„Sihdi, o Sihdi – du darfst nicht traurig sein!"

Die steile Karriere des Hadschi Halef Omar

Mal ehrlich – können Sie den Namen des Hadschi Halef Omar hersagen, vor dem Einschlafen, nach dem Aufwachen, und ohne Punkt und Komma? Den vollständigen Namen natürlich:

☞ *Hadschi Halef Omar Ben Hadschi Abul Abbas Ibn Hadschi Dawuhd al Gossarah?* (Bleiben Sie gewarnt – beim großen Karl-May-Wissenstest am Schluß dieses Buches können Sie froh sein, wenn Sie diese Frage richtig beantworten können. Haben wir ja schon erwähnt, oder?)

Sie werden über Hadschi Halef Omar sogar das erfahren, was Sie unter Umständen noch nicht wußten: der treue Weggefährte seines Sihdi (wer's immer noch nicht weiß – *Sihdi* heißt *Herr*) ist nicht nur Beduine und späterer Scheik der Haddedihn-Araber. Nein, er ist auch die *menschliche Anima*, nämlich die Seele von Karl May, der allerdings – um die Angelegenheit noch mehr zu komplizieren – die *Menschheitsfrage* repräsentiert. Und wem das noch nicht reichen sollte, dem bietet Karl Mays Autobiographie ein weiteres Kosthäppchen an: Rih, der Gentleman unter den Rappen ist nicht etwa nur ein – wenn auch edler – Gaul. Nein, er wird aufgezäumt und angeschirrt, um sich in all seiner Pracht als die *Phantasie* des Autors zu entpuppen. Sagt uns Karl May. Doch darauf kommen wir später noch mal zurück.

Hadschi Halef Omar (ab jetzt kurz HHO genannt) jedenfalls begegnet uns zuerst im Band 1 der *Gesammelten Werke*. *Durch die Wüste* zieht er mit seinem Sihdi und will diesen gar zu gern zum rechten Glauben bekehren. Der mag aber nicht. HHO kann noch so trickreiche rhetorische Finten drauf haben – Kara Ben Nemsi zieht nicht mit. Körperlich klein, munter und putzig greift der wackere Diener seines Herrn zum idealen Mittel, um sich die Zeit angemessen zu vertreiben. Er

redet. Und er redet gern viel, fast ein wenig zuviel für den europäischen Geschmack, und derart blumenreich und verschroben, wie Karl May und seine Zeit sich das eben vorstellen.

HHO ist ein Winnetou zum Anfassen – zum Brüllen komisch, dabei tapfer und verwegen. Und sehr oft schießt er übers Ziel hinaus und muß von seinem Sihdi aus diversen Fettnäpfchen wieder herausgeholt werden.

Der echte Karl-May-Fan tritt an Winnetous Grab, um Blumen niederzulegen. Das Grab des HHO interessiert ihn nicht so sehr, schon deswegen, weil es gar keines gibt. HHO lebt weiter. Bei ihm stellt sich überhaupt nicht die Frage, ob er ein Lang-

56

weiler, ein edler Mensch oder gar ein in orientalische Gewänder gehüllter Superman ist. Nahegelegen hätte es durchaus, wenn Karl May ihn mit einem Fliegenden Teppich versehen hätte und er gemeinsam mit Kara Ben Nemsi im ganzen Orient und den angrenzenden Balkan-Ortschaften herumgesaust wäre, um überall klar Schiff zu machen. Karl May und HHO's Kismet wollen es jedoch, daß er nur ein ganz gewöhnliches Pferd reitet, gelegentlich ein Kamel, auf dem er ja dann auch munter hinter seinem Sihdi hergaloppiert. Zur Belohnung erhält HHO von ihm den Rih, der nicht im kalten Norden versauern, sondern die Weidegründe seiner Heimat wiedersehen soll.

HHO ist – soweit das bei Karl May überhaupt möglich ist – stinknormal. Er wird von seinen Fans wirklich geliebt, weil er wirklich „vorhandener" ist, ganz ohne Superman-Allüren. Winnetou dagegen ist, wo er geht und steht, von getragenem Bierernst und ganz und gar nicht komisch.

Von Karl May gewiß unbeabsichtigt, stellt sich beim Leser/Fan der Gedanke an Don Quichote und Sancho Pansa ein. HHO und Sancho Pansa hätten schon so einiges gemein und Don Quichote und Kara Ben Nemsi erst recht.
Doch vorerst reiten beide noch durch die Wüste und müssen sich gehörig anstrengen, um nach dem wilden Kurdistan zu gelangen. Ganz zu schweigen von der anstrengenden Reise von Bagdad nach Stambul, droht ihnen in den finsteren Schluchten des Balkan so manche Gefahr für Leib und Leben. Und wenn sie schließlich durch das Land

Don Quichote und Sancho Pansa auf dem Weg ins wilde Kurdistan.

der Skipetaren gereist sind und sich mit dem Schut messen – dann haben Kara-Ben Nemsi und HHO eine Reise hinter sich, tausende von Meilen lang und durch die abenteuerlichsten Gegenden, mit Gefahren am Wege, die denen von 1001 Nacht in nichts nachstehen.

Ernst Bloch hat vom *echten Budenorient* Karl Mays gesprochen, und an dessen Ausstattung fehlt es wahrlich nicht. So prächtig wie ganze Generationen abenteuerlustiger Buben (und späterer Väter) sich **ihren** Orient vorgestellt haben, entwirft ihn Karl May auch: heiße Wüsten, schroffe Felsen, tiefe Schluchten und dazwischen ein Gewimmel von Schurken, Braven, Armen und Reichen. Über Halefs Vorleben schweigt Karl May sich aus. Wir wissen nur, daß er aus dem Maghreb stammt und außerdem arm, aber reinlich ist

– ein stehender Begriff bei Karl May. Außerdem reitet er eine *„alte, dürre, aber himmelhohe Hassi-Ferdschan-Stute".* Mehr wissen wir nicht über HHO's Biographie.

Aber er läuft ja ohnehin erst an der Seite Kara Ben Nemsis zur Höchstform auf! Die Knackpunkte setzt Karl May bereits im ersten Band der *Gesammelten Werke:* HHO lernt kurz vor Mekka seine Hanneh kennen, ein glutäugiges Mädel, das auch sonst ganz gut gebaut zu sein scheint, wenn Karl May sich auch nicht traut, dem Mädchen zunächst eine andere Beschreibung als *„dunkeläugige Schönheit"* mit auf den Weg zu geben. Doch die reicht für Halef vollauf. Aus seiner Hanneh, einem zu Anfang eher schweigsamen Beduinenmädchen, entwickelt sich allmählich eine resolute Frau und Mutter, die ihrem Hadschi durchaus

58

zeigt, wo es lang geht. Mit fünfzehn knapp der Pubertät entwachsen, hält sie erst mal still und wartet in aller Ruhe ab, bis HHO reich und selbstbewußt von der langen Reise mit seinem Sihdi zurückkehrt. Dann führt sie ihren Halef sogleich in das gemeinsame Zelt, in dem sie ihm stolz einen kleinen Hadschi präsentiert, der sich neun Monate nach der Verehelichung eingestellt hat. (Damit der sich überhaupt so weit entwickeln konnte, muß unser sonst stets mit irgend etwas Wichtigem beschäftigter HHO ja offensichtlich doch mal ein bißchen Zeit für die kleinen Freuden des Lebens gehabt haben ...)

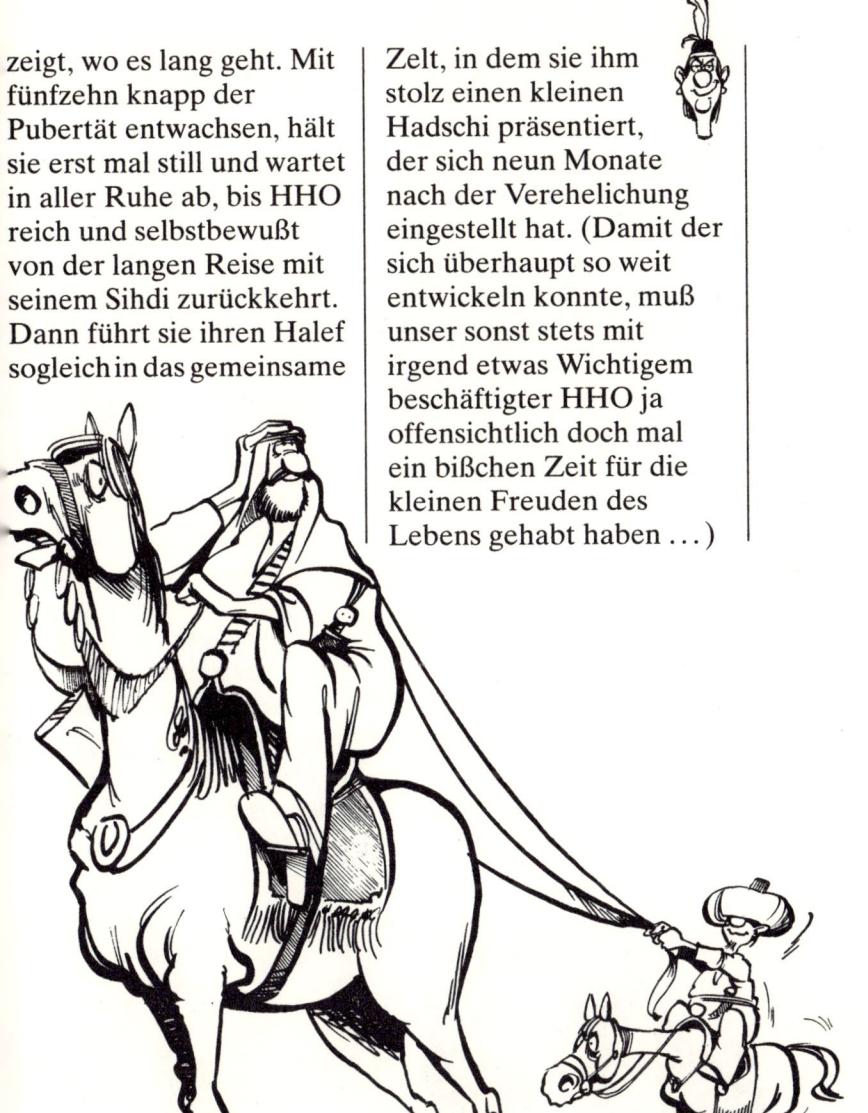

Zielstrebig entwickelt Karl May Hanneh weiter: **vom unschuldigen Wüsten-Liebchen Halefs bis hin zur starken Persönlichkeit, die schließlich nicht nur ihre Familie, sondern auch den ganzen Stamm regiert.** Aber das geht eben auch nur bei einer so lustigen Haut, wie unser Halef eine ist. (Winnetou, der so gut wie nie einen Scherz auf den Lippen hat, würde sich nicht für so im Grunde alltägliche Verhältnisse eignen. Hätte er Ribanna geheiratet, sie wäre über kurz oder lang vermutlich an einem Gähnkrampf gestorben.)

Ganz anders unser HHO. Er stürzt sich mit Feuereifer in die Freuden des Ehelebens und registriert mit gelinder Verblüffung die dazugehörigen Pflichten. Nun, er hat ja seinen Sihdi, der ihn *Bei den Trümmern von Babylon* in die Geheimnisse der weiblichen Seele einweist (des weiblichen Körpers hat sich der Hadschi voll edlen Selbstvertrauens schon selbst angenommen). Bei dieser Gelegenheit gesteht Kara Ben Nemsi seinem Hadschi auch, daß er längst schon ein angetrautes Eheweib an seiner Seite hat. Das ist ja überhaupt die Voraussetzung dafür, daß HHO dem Sihdi in diesen delikaten Angelegenheiten sein Ohr leiht!

HHO nennt seinen Sohn (selbstverständlich ist es **keine** Tochter) *Kara Ben Halef,* was auf gut deutsch heißt *Kara, Sohn des Halef.* Das *Kara* entlehnt er von *Kara Ben Nemsi,* wobei *Kara* eigentlich *Karl* heißen soll. *(Karl Ben Nemsi* will dem Hadschi nicht über die Zunge, weil es so unarabisch klingt und weil es sich mit Sicherheit so albern anhört, daß selbst das humoristische Empfinden HHO's dagegen protestiert hätte.)

Aber zunächst noch kämpft Halef vor Mekka mit allerhand räuberischem Gesindel und läßt den Sihdi anschließend als Brautwerber für sich auftreten. Und wo Karl May in Gestalt von Kara Ben Nemsi waltet, sind dem Hadschi sämtliche Wege geebnet. In einem einzigen kühnen Handstreich erobern sich er und sein Sihdi die Zuneigung der Ateibeh-Beduinen, klopfen ein wenig auf den Busch, und kurz darauf sind Halef

und Hanneh ehelich verbunden. Weil aber nun der Stamm der Ateibeh sich später mit dem der Haddedihn vereint und die gute Hanneh die Tochter des Ateibeh-Scheiks Malek ist, wird HHO als Schwiegersohn des Scheiks einmal zu den Anführern der Haddedihn gehören.

Dafür geht's aber auch prächtig zu. Was die Phantasie nur hergibt, wird aufgeboten: der edelste aller Rappen für den Sihdi, die *Blume aller Frauen* für den Hadschi. (Merken Sie die Parallele? **„Nimmst du lieber das Pferd oder die Frau?"** – **„Oh, yeah, Kumpel. Ich nehm' den Gaul!"**) Kara Ben Nemsi kriegt doch wieder den „besseren" Teil ab und reitet dem HHO lächelnd voran. Warum? Nun, ganz einfach – HHO ist dem omnipotenten Kara Ben Nemsi **immer** unterlegen, da darf er ruhig zu Reichtum und

Scheik-Würden gelangen. Bei Winnetou ist das anders – der ist auf eine sehr vermittelte Weise immer der Schwächere, eben weil er ein roter Mann ist und folgerichtig auch stirbt. Ansonsten aber liegt er im Schwimmen, Reiten, Raufen und Schießen mit Bruder Scharlih immer gleich auf.

Anders Halef. War Winnetou zuweilen ein verkleideter *Superman* in der bunten Wild-West-Show, ist HHO zwangsläufig der *Zwerg Nase* des großen Orient-Spektakels. Körperlich klein, mit dem Mundwerk ein Riese, tapfer und verwegen ist er ein würdiger Statthalter seines Sihdi. Und der betont oft und gern die komischen Seiten seines Hadschi, kann sich nicht genug auslassen über die *„acht Spinnenfäden rechts und … neun links von seiner Nase, alles in allem Bart genannt".* HHO ist auch der geborene Redner und

überdies ein Meister dar-
in, die Grauzone zwischen
Wahrheit und Lüge so
geschickt auszuloten, daß
auch nicht der Schatten
eines Zweifels bleibt. Keineswegs zu unrecht erklärt
er dem Sihdi einmal, daß
es durchaus keine Über-
treibung sei, wenn er
behaupte, vier statt nur
zwei Beine zu besitzen:
sonst glaube man nur an
eins.

Auch der Fan und
Leser liebt HHO
zweifellos mehr als
Winnetou.
Denn letzterer kommt als
properes Kerlchen frisch
gestrichen aus der Wild-
West-Puppenkiste, ver-
richtet seine Heldentaten
und verschwindet wieder,
wobei niemand genau
weiß, was er eigentlich in
seinem Privatleben treibt.
HHO dagegen hat seine
physischen und psychi-
schen Schwächen, die ihn
einfach liebenswert
machen.

Halefs tragende
Rolle.

63

Karl May läßt ein im Grunde bürgerliches Leben in abenteuerlicher Verkleidung an uns vorüberziehen. HHO und die Frauen? Er lernt **ein** Mädchen kennen – und heiratet es. HHO und die Karriere? Er bringt es, mit Glück und ein wenig Unterstützung seines Sihdi sogar zum Scheik der Haddedihn.

*K*arl May hat sehr, sehr spät einmal erklärt, daß er in den Fehlern des Hadschi seine eigenen schildere. Das stimmt im Grunde – der Sihdi ist nur eine ferne, unerreichbare Größe für den, der treu in seinen Spuren wandelt – Hadschi Karl Ben May …

Wenn Halef mitsamt dem Sihdi vor Gericht steht, wird das besonders deutlich. Vor osmanischen Gerichten zumal, deren Richter sich laut Karl May *„mit tyrannischer Unfehlbarkeit"* zu umhüllen pflegen. Da muß man Karl May und HHO erleben, wie sie hoch zu Roß vor den Richtern erscheinen und dem Kodscha Baschi, dem Oberrichter im *Land der Skipetaren,* mit der Peitsche noch eins hinten drauf geben. Man braucht eigentlich nur zu wissen, in wievielen Endlos-Prozessen Karl May zähneknirschend vor deutschen Richtern stand, um zu begreifen, was es für ihn bedeutete, es diesem Berufsstand einmal mehr als kräftig heimzahlen zu können.

Freilich hat der Hadschi sich auch manches gefallen lassen müssen. In den sogenannten *Karl-May-Filmen* darf er den Clown spielen, der die Zuschauer in den spannungsarmen Momenten bei der Stange halten soll. Das hätte Karl May nicht gewollt, und das hat HHO nicht verdient! Oder wenn er in den späteren, mit allerhand bedeutungs-

64

schwangeren Symbolen befrachteten „eigentlichen" Werken Karl Mays noch einmal auftritt: nur noch ein Schatten seiner selbst ist er da und statt der Perlenschnüre munterer Sprüche klatschen in ödem Gleichklang dumpfe Weisheiten auf den Boden. **Das** ist nicht mehr Hadschi Halef Omar, der orientalische Eulenspiegel!

Der richtige HHO aber ist unverwüstlich – und deswegen finden die Romane, mit denen Karl May „eigentlich" sein Werk beginnen wollte, weitaus weniger Anklang als die Reiseerzählungen. Kein verantwortungsbewußter Vater wird auf die Idee kommen, seinem Sohn als Start ins große Karl-May-Abenteuer die beiden Bände *Im Reiche des Silbernen Löwen* und *Das versteinerte Gebet* zu schenken. Die abenteuerliche Fahrt würde höchstens in einem versteinerten Gähnkrampf enden.

HHO ist in jedem Fall der Mann für alle Fälle. Und darum wird er Karl May für die Stunde seiner literarischen Geburt im Jahre 1881 dankbar sein und es ihm nicht verargen, daß er ihn später zur tragischen Symbolgestalt verbiegen wollte.

Der „Sihdi" wird darüber nicht traurig sein, wenn er auf seiner mit 82 Bänden der *Gesammelten Werke* pompös ausgestatteten Wolke über den Himmel segelt und von oben herab die Wirkung seiner Bücher begutachten kann. Und ein Teil dieser Wirkung ist mit Gewißheit einem Mann zu verdanken, und der heißt

Hadschi Halef Omar Ben Hadschi Abul Abbas Ibn Hadschi Dawuhd al Gossarah.

Treu, gut und edel –
Karl Mays Geisterreiter
über die Filmleinwand

– an Karl May erinnern nur die Namen

Die Sonne geht langsam unter. Von links nach rechts bewegt ein Indianer seinen Rappen über die Prärie. Das Gewehr über seiner Schulter ist mit silbernen Nägeln beschlagen. Plötzlich erklingt dramatische Musik. Jetzt wissen wir – wir sind in einem Winnetou-Film, und der Indianer ist natürlich nicht Winnetou, sondern Pierre Brice, und er wartet auf seinen Blutsbruder Scharlih Lex Barker. Wieder Musik (von Martin Böttcher), wir sind immer noch im Winnetou-Film.

Die Helden begrüßen sich heiter-gemessen, die Musik verklingt langsam, und die beiden reiten in den Sonnenuntergang sowie ihren ersten Abenteuern entgegen.

So fangen fast alle Filme an, in denen Winnetou und Old Shatterhand mitspielen, und so ähnlich hören sie auch auf. Dazwischen liegen die Produktionsbedingungen des (noch) alt-deutschen Films, und das will einiges heißen. Karl May hätte vermutlich seine helle Freude an derlei Verfilmungen seines Werkes gehabt, aber das will schon mal gar nichts heißen.

In jedem Fall bemühten sich nach 1945 die besten Kräfte, die „Opas Kino" zu bieten hatte, darum, Karl Mays Werk zu verunstalten, wie und wo es nur ging. Wenn Pierre Brice und Lex Barker vereint drauflosschlagen und die Waffen für Recht und Ordnung gebrauchen, dann fast niemals so, wie Karl May sich das gewünscht hätte.

Nein, alle, wie sie kamen – von Harald Reinl über Hugo Fregonese bis hin zu Robert Siodmak bedienten sich aus dem großen, überquellenden Karl-May-Topf, wie sie's gerade brauchten und schämten sich überhaupt nicht.

Selbst dem Karl-May-Verlag wurde ein bißchen schwummrig angesichts der Verfilmungen, die so recht Karl-May-mäßig wohl doch nicht waren. Ganz dezent ließ er im Band 34 der *Gesammelten Werke, ICH – Karl May. Leben und Werk* verlauten, daß auch bei den neuzeitlichen Karl-May-Filmen **„und dem Spiel so beliebter Schauspieler wie Pierre Brice und Lex Barker nicht vergessen"** werden könne, **„daß ohne ersichtlichen Grund vom Originalwerk Karl Mays in allzu vielen Fällen abgewichen wurde".**

„In allzu vielen Fällen" – das ist nur eine Umschreibung für buchstäblich **jeden** Kinofilm.

Winnetou bleibt zwar immer er selbst, und auch Bruder Scharlih muß relativ wenig Federn lassen, aber sonst muß den nichts Böses ahnenden

Karl-May-Fan das schlichte Gruseln überkommen. Bis zur schieren Unkenntlichkeit sind die Gestalten des Mayschen Universums zerzaust worden. Old Surehand zum Beispiel ist ein „edler statesman", der mit seiner Büchse nonchalant lächelnd jedes Hindernis umlegt. Und Old Wabble, für den Karl May in seinen Büchern eine tragende Rolle und eine noch schrecklichere Todesart reserviert hat, muß den Clown machen, vom Pferd fallen und ab und zu etwas stottern. Der echte, der Maysche Old Wabble würde sich im Grabe umdrehen, wenn er das wüßte!

Selbst bei der 53. Wiederholung der Winnetou-Filme (zwischen Weihnachten und Neujahr) können sich die Sender über Rekordeinschaltquoten freuen.

Den **richtigen** Schurken ergeht es nicht viel besser. Wen hätten wir da anzubieten? Na, Santer doch, der unsere Nscho-tschi und Intschu tschuna meuchlings ermordet hat. Der ist, hast du nicht gesehen, zum Chef einer Eisenbahn-Räuberbande geworden und hat mit dem eigentlichen Finsterling nichts mehr gemein.
Und der liebe Mr. Rattler, der den weißen Indianer-Übervater Klekih-petra aus Versehen (er wollte ja eigentlich Winnetou treffen) erschossen hat? Läßt er sich getreu seinem literarischen Vorbild zitternd und zagend an den Marterpfahl binden? Natürlich nicht. Rattler hat das (im Grunde echte) Vergnügen, in der Film-Version von Winnetou I überhaupt nicht vorzukommen.

Dafür taucht in den Winnetou-Filmen gelegentlich ein Englän-

69

der auf – so wie sich die Filmbosse vorgestellt haben, daß Karl May sich vorgestellt hat, wie ein Engländer aussehen muß.

Spleenig, mit unverrückbar britischem Akzent und außerdem Fotograf der Oxford Times.

So reist er, von indianischen Wilden und weißen Schurken gänzlich unbehelligt, kreuz und quer durch die **„finsteren und blutigen Gründe"** des Wilden Westens. Gelegentlich verschläft er einen Lohngeldraub und bemüht sich in rührender Weise darum, galoppierende und waffenschwingende Indianer auf die photographische Platte zu bannen, ohne daß das Bild verwackelt. An sich eine durchaus liebenswerte Figur – nur hat sie nicht das geringste mit Karl May zu tun, wenn auch Chris Howland, deutsch

sprechender Lieblings-Engländer der sechziger Jahre („Ihr Heinrich Pumpernickel") sämtliche Register seiner Komik zieht.

Ja, und Frauen – Frauen haben die Produzenten und Regisseure en masse in die Filme reingebracht. Vor allem solche, die bei Karl May gar keine oder nur eine untergeordnete Rolle spielen. Zum Beispiel sündige Sängerinnen, die sich in schummrigen Saloons ihre Zigarren schmecken lassen. Meist wird – mehr durchs Bild als mit Worten – zart angedeutet, daß die Damen unter der Hand auch noch andere Werte zu verkaufen haben. Aber da die Filme ja ab zwölf Jahre freigegeben waren, hat man es bei den Andeutungen belassen. Und wenn Regisseur und Produzent mit einem Auge auch auf die im Publikum sitzenden Minderjährigen schielen und

70

zuviel Busen eh nicht zeigen dürfen – fesche und resche Mädels müssen ran, Werktreue hin, Karl May her. Ganz gleich, ob sie zu Götz George passen, oder Mario Girotti (dem späteren Terence Hill) in die Arme sinken – sie werden in die Filme reingequetscht, koste es, was es wolle.

Gedreht wurden die meisten Karl-May-Filme im damals noch bestehenden Jugoslawien, da durfte denn auch mal Dunja Reiter mitspielen. Allerdings war das nur ein Nebeneffekt – eigentlich kurbelte man die meisten Karl-May-Filme aus Sparsamkeitsgründen beim östlichen Nachbarn herunter.

Dafür wurde dann bei der Ausstattung mancher Filme nicht gekleckert, sondern geklotzt: in *Win-*

netou und das Halbblut Apanatschi – einem weiteren Pseudo-May-Werk – werden die Gangster gleich hordenweise mit Dynamitpatronen ausgerottet, damit es schön blitzt und kracht.

Im Orient geht's dafür um so lustiger zu. In der *Sklavenkarawane,* 1958 von Georg Marischka gedreht, tobt Georg Thomalla als lustiger Hadschi Halef Omar herum und im darauffolgenden Jahr sorgt er wieder dafür, daß die Zuschauer etwas zu lachen haben, denn im *Löwen von Babylon* muß er von neuem seinem Sihdi durch die Ruinen nachklettern und stolpert dabei immer wieder über seine eigenen Füße.

Im *Schut* schließlich – immerhin von Robert Siodmak gedreht – wird immer noch gelacht, wenn auch etwas weniger. Hier stimmen Namen und Orte wenigstens zu einem

Die Trends der Karl May-Filme: der rauhe Westen und der lustige Orient.

geringen Teil mit der literarischen Vorlage Karl Mays überein, wenn auch eine schöne Frau, die das Herzblatt eines gewissen Omar ist und von Kara Ben Nemsi gerettet wird, auch hier nicht fehlen darf.

Gut, treu und edel sind die Mayschen Helden auch im Film allemal, sonst könnten die Produzenten nicht den Namen Karl Mays – der sein Publikum ja mitbringt – im Vorspann verwenden. Und Geisterreiter sind sie, weil sie, bis auf wenige Ausnahmen, nicht von wirklichem Karl-May-Fleisch-und-Blut sind.

Wer Pierre Brice anschaut, mag freilich fast glauben, daß Winnetou wirklich gelebt

72

hat. Und wenn man gar gesehen hat, wie er bis vor kurzem noch, bei den Karl-May-Festspielen in Bad Segeberg, munter über Kalkfelsen sprang und im niedersächsischen Elspe die Verbrecher zu Boden wuchtete – mit immerhin über 60 Jahren! – wird man es ihm nachse-hen, daß der **wirkliche** Winnetou schon im zarten Alter von 34 Jahren gestorben ist.

Aber Pierre Brice allein macht Karl May nicht fett. Allein die drei Winnetou-Filme sind so verschnitten,

daß – sozusagen – kein „Kentucky Straight Bourbon Whisky" aus dem Faß fließt, sondern nur „deutscher Rumverschnitt". Da können weise Filmjournalisten noch so sehr behaupten, mit den *Winnetou*-Filmen sei der Versuch eines deutschen Western gelungen, und man habe sogar den Grundstein zum Italowestern gelegt. Na jaaaaa …

Mit der Nennung des Namens von Karl May führten die Produzenten wahre Eiertänze auf. „Frei nach Karl May" heißt es da, oder „Nach Motiven von Karl May". Eines jedoch steht fest: mit Thomas Mann ist man immer weitaus pfleglicher umgegangen. Bei Karl May hingegen scheint man gedacht zu haben „Was soll's – kommt bei **dem** eh nicht so genau drauf an", und hat lustig drauflosgewurstelt. Dennoch – den Filmen war ein Riesenerfolg beschieden. Der erste

Ein Text in lockerer Anlehnung an Motive der freien Nacherzählung eines verschollenen Werkes von Karl May!

in der Wild-West-Reihe, der *Der Schatz im Silbersee,* hatte Herstellungskosten von 3,5 Millionen Mark und war in der Spielzeit von 1962/63 der größte Kassenerfolg Deutschlands. In der Folge wurden dann auch kräftig Kohlen nachgelegt: in sechs Jahren drehten die Filmer elf Karl-May-Filme, den letzten 1968, und Pierre Brice konnte sich immerhin fünf **Bambis** ins Regal stellen!

Bei den Karl-May-Fans ist die Meinung geteilt: einerseits sind sie froh, daß *ihr* Karl May neben Thomas Mann und Ludwig Ganghofer **auch** verfilmt worden ist, auf der anderen Seite nehmen sie

74

zähneknirschend wahr, **was** Produzenten wie Regisseure so alles verfälscht haben. Als aufrechte Karl-May-Fans und Zuschauer sehen sie, daß manche der Filme spannungsmäßig ja nicht schlecht gemacht sind – nur mit dem, was Karl May über sich als Bruder Scharlih Superstar und von Winnetou zu berichten weiß, haben sie so gut wie nichts gemeinsam.

Auch Hadschi Halef Omar wäre ganz und gar nicht zufrieden mit den Filmemachern. Er als Pausenclown? Nicht doch! Aber da auch er nichts gegen die Filmbosse auszurichten vermag, bleibt ihm nur übrig, mit den Schultern zu zucken und, vereint mit Winnetou und Bruder Scharlih, zurückzukriechen zwischen die Buchseiten der grünen Bände, um dort die echten und richtigen Abenteuer immer wieder von neuem zu erleben.

Wie war's denn aber damals eigentlich, im bundesdeutschen Kino? Meist saß man mit Vater und Mutter, gelegentlich auch mit Freunden dort, um mit heißem Herzen und brennenden Wangen die Abenteuer des edlen Apatschenhäuptlings Winnetou und seines getreuen Freundes Old Shatterhand zu erleben. Taschentücher brauchte man nicht, als Elf- oder Zwölfjähriger … schließlich saßen hier angehende Männer! Geweint wurde nicht, **das** wäre ja noch schöner gewesen.

Die Knaben hockten dennoch ergriffen da und vergaßen sogar, in der Nase zu bohren.

Mit den Freunden war's selbstverständlich schöner – hinterher konnte man Eindrücke austauschen und sich gelegentlich auch an die Gurgel gehen, wenn der andere sich gar zu uneinsichtig zeigte.

Im Vergleich zu Acht- jährigen, die heutzutage auf der Fernbedienung ihres Fernsehers weitaus besser spielen können als auf dem Klavier, lebten die Kinder, die die ersten Karl-May-Filme sahen, noch in der Steinzeit. Im Fernsehen – wenn die Eltern sich überhaupt schon einen angeschafft hatten – gab es gerade mal zwei Programme, mit einem Kinderprogramm zum Einschlafen, und abends durften die taten- durstigen Jung-Westmän- ner meistens sowieso nicht fernsehen. Was blieb, war das Kino. Und Karl May galt den meisten Eltern als unverdächtig. So schickten sie ihre Lieben mit fünfzig Pfennig Taschengeld versehen in die Filmwelt des angeblichen Karl May. Die aber durchschauten recht schnell, daß mit dem richtigen Karl May in die-

sen Filmen nicht allzu viel los war. „Der Winnetou is ja gar nich ... und der Old Shatterhand hat ja gar nich ... und der Old Sure- hand und der Old Wabble sin überhaupt nich so ... "

Und dann tun die seit Generationen unver- wüstlichen Fans genau **das**, was Winnetou und Hadschi Halef Omar ihnen vorgemacht haben: sie gehen zurück zu den Büchern. Auf dem Weg

dorthin stolpern sie aber noch über anderes – eine Fernsehserie *Kara Ben Nemsi,* und **die** nehmen sie mit beifälligem Kopfnicken zur Kenntnis. Es treten auf: Karl Michael Vogler und Heinz Schubert als Kara Ben Nemsi und Hadschi Halef Omar nebst Ferdy Mayne als Sir David Lindsay, gedreht 1973. Schön und gut: hier war's eine **Fernsehserie**, kein **Spielfilm** – aber immerhin: Produktion und Regie bewiesen Einfallsreichtum, indem sie sich ziemlich exakt an die literarische Vorlage von Karl May hielten. (In den ersten sechs Bänden der *Gesammelten Werke* nachzulesen.) Der sächsische Großmeister hätte seine Freude dran gehabt.

Gefreut hätte sich Karl May mit Sicherheit auch über einen Puppen-Trickfilm, der noch von Künstlern aus der ehemaligen DDR gestaltet und

sogar ausgezeichnet wurde. *Die Spur führt zum Silbersee* heißt der Streifen, und die putzigen Kerlchen, die darin als echte Westmänner und kriegerische Indianer auftreten, sind einfach zu liebenswert, als daß man sich an den gelegentlichen Ungereimtheiten stören könnte, die selbstredend auch hier nicht fehlen. Ansonsten bleibt nur eins:

Der aufrechte Karl-May-Fan kann, liebevollen Blicks, seine mit 82 grünen Bänden ausgestattete Karl-May-Bibliothek betrachten und eine Hoffnung im Busen hegen: irgendwann wird aus dem Umfeld von Volker Schlöndorff und Doris Dörrie einst der Mann oder die Frau kommen, der/die den wahren und einzig richtigen Spielfilm nach Karl May inszeniert. Zeit wird's.

Ein Sachse geht zum „Kini"

Karl May im Land der Bayern

Lange bevor diverse Erotikfilm-Macher ihre Geschütze mit *Liebesgrüßen aus der Lederhose* feuerbereit machten und unterm Dirndl fröhlich jodeln ließen, schuf Karl May den königstreuen Bayern ein ebenso sittenstrenges wie stattliches Monument alpenländischer Lustbarkeit. In fünf Bänden der *Gesammelten Werke* (66, 67, 68, 73 und 78) ist's nachzulesen. Der *Peitschenmüller* treibt's schlimm mit Mord, Totschlag und allerhand anderen Aktivitäten bis zu seinem bitteren Ende, der *Silberbauer* bringt sich als würdiger Kumpan ebenfalls um die ewige Seligkeit! Der *Wurzelsepp* aber reißt das Steuer herum, denn er steht für das Gute, das heißt in diesem Fall für Gott, König und Vaterland. In deren Namen reist der *Wurzelsepp* als guter Kräuter-Geist durchs schöne Bayernland und sieht überall nach dem Rechten. Unter anderem danach, ob seine vielen Freunde auch keine landesverräterischen Liebesbeziehungen anknüpfen. Aber da kann er getrost sein: **Bayern bleibt Bayern, und wer seine Finger über die Landesgrenze streckt, um zu tändeln, kriegt flugs eins drauf.**

Dieser umfangreiche Roman gehört zu den Arbeiten, die Karl May für den Verleger H. G. Münchmeyer schrieb – und zwar, weil das damals oft und gern gelesen wurde, als Fortsetzungsroman. Einmal in Schwung gekommen, mochte Karl May gar nicht mehr aufhören. In ungefähr viereinhalb Jahren brachte er umgerechnet 16 000 Druckseiten zu Papier – und das alles ohne Textcomputer oder auch nur eine Schreibmaschine, sondern schlicht und einfach per Hand. *Ja, er soll sogar des öfteren das Tintenfaß über dem Schreibtisch ausgegossen haben, um nur geschwinder die Feder eintunken und um so eilfertiger schreiben zu können.*

Die fünf Bände der *Gesammelten Werke,* von denen hier die Rede ist, hießen ursprünglich *Der Weg zum Glück* und bildeten einen einzigen, wahrhaft gigantischen Roman. Gigantisch genug konnte es auch in den anderen Romanen gar nicht hergehen, und so gibt es da teuren Schmuck, edle Akademiker und wüste Finsterlinge zuhauf. 1882 setzte Karl May die Feder für den ersten Roman aufs Papier. *Das Waldröschen* hieß er, schlug ein wie eine Bombe und förderte nach und nach die Romane *Die Liebe des Ulanen, Der verlorene Sohn, Deutsche Herzen, deutsche Helden* und schließlich Wurzelsepp at it's best – *Der Weg zum Glück* zutage. Letzterer führt nun über etliche tausend Seiten und enthält so gut wie alles, was des damaligen und (seien wir ehrlich!) auch des heutigen Lesers Herz begehrt. „Beziehungskisten" finden freilich nur bis zur Taille statt. Anders ausgedrückt: Beziehung ja – Kiste (in die man steigen müßte, um die Beziehung zu einer richtigen zu machen) – nein!

Und wo spielt der Roman? Im schönsten Oberbayern, weitab von Industrieansiedlungen und heutigem Motorlärm, wo die Luft noch rein und der „Kini" noch frisch ist, das heißt im besten Mannesalter. Der *Kini,* das ist original oberbayerischer Soundtrack und liebevolle Bezeichnung für den *King of the Country* – König Ludwig II. von Bayern, der dort heute noch seinen eigenen Verein hat und liebreich „der Kini" genannt wird. Selbiger wandelt bei Karl May – sozusagen mit dem Geldsack auf der Schulter – über Land, tritt in ärmliche Bauernhütten und erfreut die geduldig vor sich hin darbenden Hinterwäldler mit Geld, Gold und einem sorgenfreien Leben. Da behaupte noch einer, der *Kini* sei leicht verrückt gewesen und hätte den bayerischen Staatsschatz fürs Schloß Neuschwanstein und ähnliche Disneyland-Scherze verfeuert! König Ludwig (die Karl-May-Fans wissen's eh schon, dem verschwindend geringen Rest sei's ins Stammbuch geschrieben) ist ein gütiger Mensch. Beispielsweise bringt er der armen und ehrsamen Witwe die überfällige Pension des verblichenen Gatten, und dem armen, aber begabten Sohn des armen *Finkenheiner* läßt er unentgeltlich das Malen beibringen und spendiert dem dahinkränkelnden Jungen sogar eine ausgedehnte Kur in Ägypten und Griechenland. Soweit der *Kini,* der, wie der Magier aus dem Märchen, immer dann auftaucht, wenn's bei Karl May irgendwo hängt, was bei mehreren tausend Seiten durchaus mal passieren kann. Und dann waltet er, gütig und wie's halt seines Amtes ist, königlich, da wird nicht gekleckert, sondern geklotzt!

Karl Mays *Kini:* Spendabel, gütig, volksnah.

81

D ie Knochenarbeit muß derweil der Wurzelsepp leisten. Als wandernder Wurzelhändler ist er im ganzen Bayernland zu Haus, verkauft Enzianwurzeln an Schnapsbrenner und Apotheken und repräsentiert wie kein anderer den ländlichen Charme eines vorindustriellen Zeitalters. Denn so wirkt das von Karl May gezeigte Bayern – es wimmelt nur so von singenden Wilderern, keuschen Sennerinnen und schurkischen Finsterlingen, die zunächst sehr erfolgreich versuchen, gute, aber arme und reinliche Menschen über den Tisch zu ziehen, aber dafür ausnehmend dämlich sind.

D as Personal des May-schen *Weges zum Glück* ist durchaus liebevoll gestaltet, wenn auch nicht so bekannt wie Winnetou, sein Bruder Scharlih oder HHO. Da haben wir den schon

beschriebenen *Kini*, der als Edel-Bazi weise, gütig und wagnerverliebt über allem schwebt. Leider stirbt er zum Schluß auch bei Karl May. Seinen realistischen, nassen Tod konnte offenbar selbst der Großmeister der Phantasie nicht in ein Happy-End umschmeicheln. Dafür entschädigt Karl May sich und seine Leser, indem er gewaltig auf die Tränendrüsen drückt – Ludwig stirbt, Wurzelsepp stirbt, und damit ist die Geschichte aus. Irgendwann mußte Karl May ja mal zum Schluß kommen, und einen Roman beendet man immer am besten, indem man die Haupthelden sterben läßt!

A ber zunächst lebt er ja, unser Wurzelsepp! Und wie! Gleich zu Beginn der Abteilung *Der Peitschenmüller* sitzt er mit der *Murenleni* vereint auf der Alm und singt mit ihr ein Alpen-Duett:

82

So da haben wir aans gesungen,
das hat schön geklungen.
Ein andermal tun wir wie-
der singen,
und das soll noch schöner
klingen.

Vor uns steht und sitzt er, wie er leibt und lebt: weißhaarig, gutmütig und krachledern. Wo Hilfe notwendig ist, leistet er sie, sofern er dabei nicht an die bayerischen Landesgrenzen stößt. Scheinbar hat er weitaus mehr auf der hohen Kante, als die gutgläubigen Gebirgler ahnen. Und in seiner Jugend- und Gesellenzeit ist er auch ein gehöriges Stückerl („ein ganzes Stück") über Bayerns Grenzen hinausgekommen, bis nach Rumänien, Bulgarien oder so hat es ihn verschlagen.

Doch auch am heimischen Herd hat er genug zu tun. Die Muren-

leni ist sein Patenkind, und gleich zu Beginn des Romans ergreift Karl May die Gelegenheit, die singende Leni mit dem *Kini* in Verbindung zu bringen. Kurz darauf tritt der *Krikelanton* auf und wird Lenis Liebster. Selbstverständlich nur rein und keusch! (Richtig erst, nachdem Brief und Siegel unter der selbstredend katholischen Eheurkunde stehen.) Der Krikelanton heißt so, weil die Hörner der Gemsen auf gut bayerisch „Krikel" heißen und weil er jedem Frem-

83

den, der welche haben will, auch welche verschafft. Na – der hätte sich von den heutigen Tier- und Naturschützern mal erwischen lassen sollen! Auf alle Fälle *!* ist der Anton ein Wilderer (noch dazu ein Österreicher) und geht nur in bayerischen Gefilden auf die Jagd!

Hier tritt König Ludwig in Aktion: rein zufällig schlendert er über die Alp und trifft auf den Wurzelsepp. Da der kunstliebende König immer auf der Suche nach Sängern und Sängerinnen ist und es – zugegebenermaßen – ein wenig langweilig wäre, ihn ständig im Kreis hübscher Sängerinnen und eleganter Sänger Champagner trinken zu lassen, schickt Karl May ihn auf Kunstpirsch quer durch Bayern. Der Wurzelsepp weist ihn weiter zu Leni, die der König singen hört und, um das Maß voll zu machen, kommt der

Der kunstsinnige „Kini" auf der Pirsch.

Anton auf die Alm und rettet den *Kini* vor einem Bären. Den Anton, der natürlich auch singt, hört er allerdings noch nicht, das kommt später. (Die rauhe Luft der Natur bildet offenbar ganz gehörig die künstlerischen Talente aus!)

Nun ist aber Gesang doch nicht jedermanns Sache. Zwischendurch muß es – auch und gerade in den Romanen von Karl May – ein paar durch und durch verlotterte Galgengesichter geben. Wen hätten wir da? Nun – zunächst einmal den *Peitschenmüller,* einen ganz üblen Gesellen, der seine Frau totgeärgert und überdies eine – völlig aus der Art geschlagene – bildhübsche, lammfromme und herzensgute Tochter hat. Ihm zur Seite steht der *Fingerlfranz,* ein Kraftmensch erster Güte, der seinen guten Ruf aufgrund seiner speziellen Fähigkeit des Fingerhakelns hat.

84

E r und seine Spezis sprechen ein herrliches Oberbayerisch, von einem Sachsen fabriziert, der Bayern zur Zeit der Entstehung des Romans nie gesehen hat.

Was macht's? Hat Karl May Amerika und den Orient nicht gesehen, als er die Texte seiner Reiseerzählungen schrieb, ist es weiß Gott unerheblich, ob er nun ausgerechnet das Land der Bayern persönlich gekannt hat.

Und auch ein paar fiktive Orte darf er in den Text hineinfingern, ohne daß wir böse werden – Scheibenbad z. B., wo die Grand Opera des *Kinis* abgehalten wird und zum hochwohllöblichen Schluß Leni und ihr Anton gegeneinander ansingen.

I n einem Fortsetzungsroman hat der Sachse Karl May dem bayerischen Märchenkönig Ludwig ein Märchenreich geschaffen, bayerisch nur dem Namen und der Sprache nach. Wie schön, wenn der *Wasserfex*, ein armer Fährbub beim Peitschenmüller, den *Kini* aus des Flusses Untiefen errettet und ihm beim großen Konzertabend ein Liedchen auf der Fiedel spielt. Freilich, das ist nicht einfach „Hänschen klein", sondern ein wilder Tanz des Herrn Paganini, und deswegen wird der arme Fährbub zum ersten Geiger ernannt, dann zum Dirigenten und noch später zum ... Doch wir greifen schon wieder vor. Denn das gute Ende dieses zunächst höchst bedrohlich wirkenden Szenarios kommt ja erst im nächsten Band der *Gesammelten Werke*. Im Band Nr. 67 *Der Silberbauer*. Der ist nun ein ganz abgefeimter Halunke und ein würdiger Kumpan des Peitschenmüller. Seine Gesichtszüge sind voll edlen Stumpfsinns, und wie der Peitschenmüller ist er ein Schurke von so echtem Geblüt, daß man ihn fast schon wieder achten muß. Außerdem ist er (ebenfalls wie der Peitschenmüller) so ausgesprochen dämlich, daß der geneigte Leser ihn hilfreich an der Hand nehmen möchte, um ihm über einige Stolpersteine bayerischen Gangsterlebens hinweg zu helfen.

Übrigens: Der Peitschenmüller heißt Peitschenmüller, weil die Gicht ihm die verbrecherischen Knochen krumm gezogen hat und er nun mehr oder weniger lustlos in seiner Stube hocken muß. Dennoch kontrolliert er das gesamte Anwesen der Talmühle mit seiner ewig langen Peitsche, mit der er, mosernd und motzend, sein Gesinde traktiert. Das bleibt eh nur bei ihm, weil er so gute Löhne zahlt. (Wie hoch die eigentlich sind, verrät uns Karl May allerdings nicht.) Und, wie gesagt, eine Tochter hat er, der Peitschenmüller, die so gar nicht nach dem Vater kommt.

Dafür kriegt sie auch, weil's so brav war, den Wasserfex zum Ehemann. Doch wir greifen schon wieder vor.

Ja, und der Silberbauer heißt so, weil er sich gern mit Silbertalern behängt, in Form von Knöpfen und dergleichen. Irgendwo außerhalb der bayerischen Landesgrenzen hat er zusammengeraubt, was ihm unter die Finger kam. Und statt das Geld auf solide Weise arbeiten zu lassen, wie jeder echte Mafiosi das heute tun würde, fällt ihm nichts anderes ein, als sich in seinem Heimatort zur Ruhe zu setzen und auch noch getreulich Buch zu führen über seine Schandtaten.

86

Vom Feinsten:
Karl Mays
weißblaues
Marionettentheater.

Wie im Kasperlethea-ter geht's zu – die Schurken sind hinreichend kenntlich gemacht, und ihr Handeln ist überschau-bar. **Und Karl May wäre nicht Karl May, wenn er nicht geschickt an den Fäden ziehen würde und die Marionetten tanzen ließe.** Im strahlend schönen, sommerlichen Bayern läßt er zum Tanz aufspielen: zum Hochzeits-tanz von Finkenheiners Lisbeth mit ihrem Lieb-sten oder zum Totentanz des Silberbauern, der sich am Ende gar schröcklich zu Tode röcheln muß.

Die Musi spielt, die Puppen tanzen ...

Wurzelsepp, der Gute, dagegen richtet alles schön bodenständig, während der King of Bavaria seinen biederen Untertanen zu gelegent-lichen Höhenflügen in der Kunst verhilft. Zuweilen hat man den Eindruck, daß es im oberbayerischen Wald von verhinderten Künstlern geradezu wim-melt: die Sennerin wird zur Sängerin, der Wilderer jodelt später ebenfalls im Auftrag des Königs, der arme und kranke Sohn des Finkenheiner malt (im Auftrag des Königs) die schönsten Bilder, und der Herr Schullehrer Max Walter schreibt (im Auf-trag des Königs) ein volu-minöses Theaterstück, die *Götterliebe,* zu der der ehemalige Fährbub Fex die Musik komponiert hat (im Auftrag des Königs).

Leni und ihr Anton werden beide schließ-lich wohlbestallte Sänger/innen, der Schul-lehrer Max Walter wird zum gefeierten Dichter und bekommt außerdem eine Frau ab, die – inzwi-schen geläuterte – Tochter des Silberbauern, die sich Martha nennt. Ach ja, der Fex kriegt die Tochter des Peitschenmüllers, die Pau-la zur Frau. Und der Finkenheiner, dessen Frau einstmals mit dem Silber-bauern ausgerissen war, bekommt sie wieder zurück und verzeiht ihr edelmütig. Haben wir etwas vergessen? Oh ja – der Wurzelsepp hilft allen und freut sich königlich über deren Glück, der *Kini* hilft auch nach Kräften, mag aber selbst keine Frau abhaben, weil er die, die man für ihn ausgesucht hatte, nicht haben mochte. Aber darüber schreibt Karl May nichts. Lieber formuliert er Sätze wie diesen:

> **„Er fühlte voll das Glück, Wohltäter sein zu können."**

So steht's in *Der Silberbauer,* und so ist König Ludwig unserem Karl May am allerliebsten. Wie gesagt – dieser Roman Karl Mays hieß ursprünglich *Der Weg zum Glück* und erschien als Fortsetzungsreihe. Daneben schrieb Karl May noch vier andere „Lieferungsromane". Bei dieser ungeheuren Menge ist es verständlich, daß mitunter ein befreiender Rundumschlag notwendig war, um alle Handlungsfäden wieder zu vereinen, überflüssige zu kappen, und noch klarzustellen, wer mit wem und überhaupt.

Gelegentlich betonen auch wohlwollende Literaturkritiker, daß es sich bei Karl Mays „Kolportageromanen" um Werke handle, die *Weitschweifigkeit, Flüchtigkeit, Überladenheit* erkennen ließen. So formuliert sogar ein Vertreter der Gralshüter Karl Mays, des Karl-May-Verlags in Bamberg. Das alles mag vielleicht zutreffen. Doch wenn wir Bergwelt- und Almglück-Romane heutigen Zuschnitts mit der Welt von Wurzelsepp, dem Kini und ihren königstreuen Bayern vergleichen, müssen wir immer noch feststellen: **Karl May war besser. Und wird es noch sehr lange bleiben.**

„Ich spreche alle Sprachen ..."

Der „Cassius Clay der Sprache" tritt in den Ring

Folgendes hat Karl May gesagt:

„Ich spreche und schreibe: Französisch, Englisch, Italienisch, Spanisch, Griechisch, Lateinisch, Hebräisch, Rumänisch, Arabisch 6 Dialekte, Malayisch, Namaqua, einige Sunda-Idiome, Suaheli, Hindustanisch, Türkisch und die Indianersprachen der Sioux, Apatschen, Komantschen, Snakes, Utahs, Kiowas, nebst dem Ketschumany 3 südamerikanische Dialekte. Lappländisch will ich gar nicht mitzählen.

Sprachlich war dem Meister May nicht beizukommen. Wollte ein Tunguse oder Ost-Jake den Finger heben und Karl May auf tungusisch oder ost-jakisch nach dessen Befinden fragen, würde er auf tungusisch oder ost-jakisch die schönste Antwort bekommen. Noch dazu in Versform, da ließ Karl May sich nicht lumpen! Wenn wir richtig mitzählen – in rund dreißig Sprachen und Dialekten fließt es Karl May von den Lippen. Mit edler Dreistigkeit paradierte er im Old-Shatterhand- oder Kara-Ben-Nemsi-Kostüm vor seinen Fans und trug gelegentlich den Anfang der Bibel auf hebräisch vor. Denn Hebräisch konnte er ja auch.

Wenn Karl May in den Ring trat, tat er es gründlich. Mit der ihm eigenen Akribie ließ er nichts unversucht, um als sprachgewandter Helden-Darsteller sein Publikum zu beeindrucken. Auf dem Umweg über die Sprache schaffte er es allemal. Karl May **war der „Cassius Clay" der Sprache:** in seinen *„selbsterlebten Reise-abenteuern"* beschwor er **seine** Welt der sächsischen Tausendsassas und Orient-Wichtel derart gekonnt, daß gar keine andere Welt mehr daneben Platz hatte. **Mit so viel Chuzpe im Vorbeigehen zu behaupten: ich spreche alle Sprachen und habe alle Abenteuer selbst erlebt, das ist dem Kampf-Gebaren des Großmeisters des Boxhandschuhs aber allemal ebenbürtig!**

Als er nach seiner großen Orientreise um die Jahrhundertwende begann, sich und seine Leser mit Symbolen zu beglücken, fing er an, sich zu verwandeln, und aus Cassius Clay wurde „Muhammad Ali". (Als der richtige – der Boxer – nämlich anfangen wollte, ernst zu machen mit sich und seinen Kämpfen, da ging's allmählich bergab mit ihm.) Bergab ging's mit Karl May zwar nicht direkt, aber der Alte wurde er auch nicht mehr. In seinem von Symbolik umwölkten Oberstübchen tummelten sich nun nicht mehr Old Shatterhand samt Hadschi Halef und legten jedweden aufs Kreuz, daß es krachte – nein, dieselben Personen traten zwar noch auf, aber in äußerst müden Verkleidungen, als „Menschheitsseele, Menschheitsfrage und Autorenphantasie". Nachdem er aus dem Orient zurück war, kamen jedweder Kopfputz, alle

Gewehre und sämtliche Kostümierungen in den Keller – **Karl May wurde seriös.**

Besser gesagt: er **wollte** seriös werden. Seine Fans hielten ihm dennoch über Jahrzehnte hinweg die Treue, kauften wohl auch die neuen Bände, in denen von Ardistan und Dschinnistan die Rede war, schüttelten den Kopf und stellten sie meistens ungelesen wieder zurück ins Regal.
Es waren auch die Karl-May-Fans, die dafür sorgten, daß er der fröhliche Hallodri blieb, der er später gar nicht mehr sein wollte. Als „Cassius Clay" war er immer obenauf – der Mann für alle Fälle, und wie man ihn haben wollte – sprachversiert bis zum Gehtnichtmehr und noch im sausendsten Galopp des deutschen Wortes mächtig. Denn nicht nur dreißig Fremdsprachen spricht Cassius May – er beherrscht auch seine Muttersprache zielsicher, im wahrsten Sinn des Wortes! Er nimmt seinen Leser ins Visier, zielt, drückt ab und trifft immer.

Wer will schon ständig Beethovens Neunte hören oder sich immerfort an Goethes Faust ergötzen? Nein – hier tritt der Meister aller sprachlichen Klassen wild um sich blickend in den Ring: er bietet – stilistisch betrachtet – zwar nur solide Hausmannskost. Aber er bringt das **ICH auf Über-Ich-Stärke** und läßt es siegen, siegen, siegen … bis zuletzt.

Irgendwie war Karl May wirklich Old Shatterhand und Kara Ben Nemsi Effendi – er hat Literatur nicht nur geschrieben, sondern wirklich gelebt.

Hat Cassius Clay nicht mal (im Ring) gesagt *„I am the Greatest of all times!?"* Hat man ihm das damals wirklich geglaubt? Der Größte **aller Zeiten** ist er mit Sicherheit nicht gewesen. Und Karl May? Sicher nicht der Größte in Sachen Literatur. Wer das behaupten wollte, müßte sich auf eine Rundum-Verteidigung einrichten – gegen Goethe-, Grass-, Böll-, Handke- und Thomas-Bernhard-Fans, die gewaltig hinter ihren Barrikaden rumoren würden. (Andere Autoren, die aus Platzgründen hier nicht genannt werden, können nach Bedarf eingesetzt werden.)

Aber Karl May ist (und das steht, um mit Old Shatterhand zu sprechen, *so fest wie eine kalifornische Balsamfichte*) seit Jahrzehnten der erfolgreichste Schriftsteller deutscher Sprache. Über mehr als hundert Jahre und zwei Weltkriege hinweg haben seine Werke, hat seine Sprache ihre Leser gefunden. Zu allen Zeiten trieb es den „Cassius Clay" der Sprache in den Ring, um all denen, die es wissen wollten, zu demonstrieren, wie das so ist, mit nerviger Faust einen heimtückischen Indsman niederzuschmettern. Oder auch mal stellvertretend erleben zu lassen, wie man sich nach einem mit liebevoller Zuneigung geführten Kolbenhieb fühlen kann.

Und seien Sie mal ehrlich, wie reagieren Sie, wenn Ihr Sohn beim Mittagessen in die Runde blickt und folgendes von sich gibt: *„Uff! Häuptling Blaue Feder verweigert das Hauptgericht! Nudeln mit Backobst sind eines roten Kriegers unwürdig!"* Zunächst mal wird es allerhöchste Zeit, im siebten Kapitel dieses Buches nachzublättern. (Um Fehler zu vermeiden.)

Ein Fehler wäre beispielsweise, die Stirn zu runzeln und mit fester Stimme zu sagen: *„Ruhe! Was auf den Tisch kommt, wird gegessen!"* **Richtig ist:** mit fester Stimme (Wichtig! Ohne sich vorher zu räuspern!) darauf zu bestehen: *„Der rote Krieger möge schweigen! Ich, Winnetou, der Häuptling der Apatschen, erkläre: Nudeln mit Backobst sind das Lieblingsgericht aller Apatschen diesseits und jenseits des Rio Grande! Ich habe gesprochen! Howgh!"* Der Erfolg wird Ihnen recht geben.

Schwieriger wird es schon, den Junior an einem grauen, regnerischen Oktobermorgen zum Schulbesuch zu überreden. Er könnte sagen: *„Die sieben Himmel Mohammeds haben mich erleuchtet, oh Sihdi! Laß deinem lieben Halef die Zeit, sich für den Angriff der räuberischen Berg-*stämme im Bett zu rüsten. Morgen ist er wieder bereit, die Schulbank zu drücken. Inschallah!"* Inschallah heißt *„wenn Gott will"* und zeugt von der weisen Voraussicht Ihres Sohnes, die Verant-

WIRD DER ROTE KRIEGER „STINKENDE WINDEL" SEINEN SPINAT ESSEN, ODER WILL ER MIT DEM RÜCKEN ZUM FERNSEHER AM MARTERPFAHL FESTGEBUNDEN WERDEN?

UFF!

MAL SEHEN, WAS „KÜSS DIE HAND, FRAU GEHEIMRAT" AUF SCHOSCHONE HEISST...

wortung für sein Fernbleiben vom Unterricht ggf. auf eine höhere Instanz abzuwälzen. **Die falsche Methode:** ihm gehörig die Ohren langzuziehen und ihn in die Schule zu schicken (vermutlich steht eine Mathe-Arbeit ins Haus). **Die richtige Methode:** sich eine möglichst würdevolle Haltung geben und Kara Ben Nemsi mimen, was so geht: *„Halef, Halef! Warum häufst du Kummer und Sorgen auf mein Haupt? Eines Tages wirst du Scheik der Haddedihn sein. Und der Herrscher über einen so berühmten Beduinenstamm muß mehr können, als nur bis drei zählen!"* Ihr Sohn wird sich seufzend erheben, und Sie und Karl May haben gesiegt!

Die Lektüre von Karl May bietet also nicht nur die herrlich perfekte Anleitung zum Indianerspiel

mit allen Schikanen (inklusive das „Iwiwiwi-wi"-Angriffsgebrüll der Apatschen mit vorhergehendem Anschleichen an den Feind und nachfolgendem An-den-Marterpfahl-gefesselt-Werden). **Nein – Karl May, der Mann aus Sachsen hat mehr drauf als die bloße Anleitung zum Kinderspiel.**

Vor rund achtzig Jahren hat einer der May-Gegner von den olympischen Höhen selbstzufriedener Bürgerlichkeit herabgeblickt und davon gesprochen, daß Mays *„glatte, aber breite, charakterlose Sprache"* ihn nicht empfehlen würde. Wir dürfen gerne annehmen, daß blumige Hymnen auf das Säbelrasseln von Willem zwo diesen Autor gewiß mehr begeistert hätten. Glatt? Ist sie nicht, die Sprache Karl Mays. Breit? Schon überhaupt nicht. Und charakterlos (Cha-

rakter im Sinne von *„zäh wie Leder, flink wie Windhunde und hart wie Kruppstahl"*)? Auf diese Art von Charakter können Old Shatterhand und Kara Ben Nemsi, Hadschi Halef Omar und Sam Hawkens gerne verzichten, auch in der Sprache.

Im Gegenteil – im Zeitalter von Computerspielen und Mikrowellen-Puppenküchen weht May-Lektüre einen frischen May-Wind durch unsere Kinderstuben, sogar bis in die Erwachsenen-Bibliotheken hinein. Denn wenn Karl May anfängt in allen erdenklichen Sprachen zu fabulieren, gibt es kein Halten mehr. *Bir, iki, ütsch* (das heißt *eins, zwei, drei* auf türkisch) ist er den Gaunern in jeglichem Dialekt, und sei er noch so abseitig, auf der Spur. Jeder noch so geschickte Schuft wird schließlich und endlich von der Faust Kara Ben Nemsis nieder-

Eins, zwei, drei – Sprache ist keine Zauberei.

97

gestreckt. Oder, wenn sich's um einen der weißen Meschurs handelt oder einen Indsman, der sich über die jahrhundertelangen Untaten des weißen Mannes beklagt – dann wird er von der überströmenden Redegewalt des mächtigsten weißen Kriegers des Westens nahezu um den Verstand gebracht. Wer kann sich gegen einen Ausruf wie **„Zounds"** oder **„Behold"** schon mit gleichwertigen Argumenten zur Wehr setzen? Und wenn Old Shatterhand noch ein verächtliches **„Pshaw!"** hinzusetzt, ist der Widerstand völlig gebrochen.

Unübertroffen ist Karl May als Meisterregisseur bewegter Massenszenen. Da stehen zum Beispiel zweihundert Albanier in einer türkischen Festung und werden mit einer militärischen Exaktheit kommandiert, die nichts zu wünschen übrig läßt. *„Syrada durun*

muntasam!" wird da kommandiert. *„Steht genau!"* und die Musik spielt dazu: *„Tschalghy! Düdük tschalyn! – Musik! Pfeift!"* heißt es, und wenn das musikalische Karussell glücklich in Gang gebracht ist, muß noch ein wenig an der Lautstärke gedreht werden: *„Daha sijade! Daha kuwwetli! – lauter, stärker!"* Denn Türkisch spricht Karl May alias Kara Ben Nemsi natürlich auch, und wie schön:

> **„Agamdan ßise ßelam ßöjlijejim – euer Diener küßt die Hand; mein Herr läßt sich euch empfehlen!"**

Selbst der sprachunkundige Leser muß manchmal mit auf Karl Mays Sprachen-Jogging. Da kennt er nichts – was dem Autor recht ist, hat seinen Lesern billig zu

98

sein. So läßt er die grimmigsten Indianer und bis an die Zähne bewaffnete Kurden zwar in seinem liebenswürdigsten Altherrendeutsch miteinander parlieren, aber manchmal reitet ihn eben doch der kleine Teufel der Sprachgewandtheit. Da muß er dann ganz einfach zeigen, was an Sprachen und Dialekten so in ihm steckt. So läßt er selbst im tiefsten Erzgebirge einen **Professor Vitzliputzli** auftreten, mit dem er sich (als Reisender, der kurzfristig in der Heimat weilt) die dicksten indianischen Brocken an den Kopf wirft:

„Ich bin kein Hund – bei den Warm-Spring-Indianern ‚kussikussi‘, bei den Sioux dagegen ‚schonka‘ genannt – den Sie nach Belieben prügeln dürfen – die Azteken sagen dafür ‚tlahuiteki‘. Ich bin auch keineswegs der Esel – ‚bunto‘ im Tehua – für den Sie mich, die Indianerspra-

chen betreffend, zu halten scheinen. Vielleicht habe ich, was das anlangt, im kleinen Finger – ‚schi lazarzhe‘ im Apatsche, mehr Wissen, als Sie im Kopf – ‚tso‘ sagen die Schoschonen dafür. So, jetzt wissen Sie meine Meinung.“

Welch herrliches Gefühl, an praktisch jedem Ort der Erde der einheimischen Bevölkerung in ihrer Muttersprache entgegentreten zu können! Mit Recht ist Hadschi Halef erstaunt, als sein Sihdi einmal behauptet, irgendeinen orientalischen Dialekt nicht sprechen zu können: *„Das ist nicht wahr, Sihdi! Du kannst alles!“* meint der entgeisterte Hadschi. Zufrieden ist er erst, als sein Sihdi nach einigem Nachdenken zugibt, einen dieser Sprache zumindest verwandten Dialekt zu beherrschen. Das wäre ja auch noch schöner.

Genauso unerbittlich zeigt sich Karl May, wenn er *In den Schluchten des Balkan* (**Gesammelte Werke,** Band 4), von einem Kolbenhieb betäubt, aus dem Reich der Träume wieder ins schmerzerfüllte Sein zurückkehrt. Denn von der Unterhaltung der Gangster, Gauner und Ganoven erspart der Autor uns nichts. Vom barschen *„Kene ne* dedir? – Wo ist die Schaflaus?"* bis zur (Gott sei Dank falschen) Feststellung *„Gönülünün ßeßi kessildi – sein Herz schweigt still"* nehmen wir auf original türkisch Anteil am Leben und Treiben einer türkischen Räuberbande.

Wenn sich bei Karl May gelegentlich Ermüdungserscheinungen im Gebrauch fremder Zungen einstellen und er beim besten Willen keine Lust mehr hat, Wörterbücher zu wälzen, dann

weicht er ganz einfach auf seinen heimatlichen Dialekt aus. In wundersamer Weise wimmelt es im Wilden Westen von Westläufern rein sächsischen Geblüts. Und der Zufall will es, daß sie einander sogar häufig über den Weg laufen. Zum Beispiel der gute Hobble-Frank und die Tante Droll. Als sie sich zum ersten Mal treffen – auf dem Weg zum *„Schatz im Silbersee",* gehen sie gleich in die vollen: *„Ooch e Sachse, und zwar e Altenburger? Is es denn die Möglichkeet?"* fragt der ehemalige Jagdaufseher und Forstgehilfe Moritz Heliogabalus Edeward Franke den Sebastian Melchior Droll. Dieser nickt zufrieden zu der wehmütigen Feststellung des kleinen Westläufers, es gäbe gigantische Kirchweih-Feste in ihrer sächsischen Heimat. *„Das is richtig",* bemerkt er dazu, *„mache könne mersch, denn habe tun mersch."*

100

OCH! IHR SEID OOCH E SACHSE?

IHR OOCH?

Aber auch der Orient ist voll der süßen Heimatklänge. In *Durch die Wüste* taucht ein gewisser Hamsad el Dscherbaja auf, der im Brandenburgischen Dialekt die hübschesten Lieder singt. Zwei Bände weiter, auf der Reise *Von Bagdad nach Stambul*, trifft er auf eine Sängerin, die *„in reinster, erzgebirgischer Mundart"* ein Liedchen anstimmt. Einen Band später bringt der Lead-Singer Martin Albani zur Freude der türkisch-bulgarischen Bevölkerung bayerische Schnadahüpfeln zu Gehör. Kostprobe: *„Dös Diandl is sauba / vom Fuaß bis zum Kopf / nur am Hals hat's a Binkerl / dös hoaßt ma an Kropf."*

Vom Türkischen bis hin zur vorletzten Indianermundart – Karl May tänzelt so geschickt wie keiner vor und nach ihm über alle Klippen hinweg und schafft es sogar noch, überall heimatliche Dialektklänge unterzubringen.

„Heimat, deine Sterne ..."
Ein Heimat-Humorist schlägt zu

Im Knast fing alles an, denn dort hatte Karl May (sozusagen weisungsgemäß) wenig zu lachen. Also schrieb er sich das Lachen herbei und begann, erzgebirgische Humoresken zu verfassen, mit so schönen Titeln wie *Rache oder Das erwachte Gewissen*. Er versuchte sich aber auch an einem eher feuilletonistischen Aufsatz, ominös überschrieben mit *Die Liebe nach ihrer Geschichte*. Darin geht es unter anderem um die *Darstellung des Einflusses der Liebe und ihrer Negationen auf die Entwicklung der menschlichen Gesellschaft*. So nämlich lautet der Untertitel. Wem dieser Titel anrüchig erscheint, oder wer gar pornographische Machenschaften dahinter vermutet, der kann beruhigt sein. Karl May und pornographisch? Nie im Leben! Da genügt es, den letzten Satz zu zitieren:

Heben wir zunächst den Blick empor in das All, um sie (nämlich die schaffende Liebe) zu suchen und in ihrem großen, ewigen und allmächtigen Walten zu erkennen!

> **Wessen Blick aber so hoch oben im All herumschwebt, der hat gewiß keine Zeit, sich mit den höchst irdischen Nöten menschlicher Sexualität zu befassen!**

Zum Glück hat Karl May seinen Blick nicht ständig durchs All schweifen lassen. Redlich hat er sich darum bemüht, als heimatverbundener Humorist aufzutreten. *In der Heimat, in der Heimat – da gibt's ein Wiedersehn!* Und wie er Wiedersehen feiert mit heimatlichen Gefilden. In der Geschichte von der *Rache* oder dem *erwachten Gewissen* steigt er so recht ein ins bäurische Menschenleben: da liegt der Waldbauer im Clinch mit dem Waldarbeiter Grunert – und verliert natürlich den Kampf.

Denn der Waldbauer ist reich und böse, der Waldarbeiter arm, aber rechtschaffen und noch dazu sauber.

Karl May schrieb zu Beginn seiner schriftstellerischen Karriere über das, was er kannte. Und er kannte die Weber und Bauern des Erzgebirges, denen er humoristische Glanzlichter aufsetzte, wo er nur konnte. Obwohl man ihm gerade in der Heimat des öfteren übel mitgespielt hatte.

Aber er wußte sich zu rächen. Ein Polizeisergeant, der ihm nach seiner Strafverbüßung buchstäblich auf den Zehen stand und überall meldete, daß den guten Bürgern ein Vorbestrafter ins Haus stünde, mußte sich beispielsweise einiges gefallen lassen. Karl May nahm in seine Zeitschrift *Feierstunden am häuslichen Herde* die Erzählung *Ein Fang* auf mit der wohlgelungenen Karikatur eines Polizisten namens *Schnapski*. Ende Oktober 1876 ließ May die groteske Geschichte drucken, und wirklich jedermann wußte, wer gemeint war, wenn vor dem Polizeigefängnis eine Gruppe junger Leute ein Hohn- und Spottlied auf *Schnapski* sang, der endlich selber in der Arrestzelle auf einer Pritsche liegen mußte.

Karl May wußte die Möglichkeit der Rache des Schriftstellers wohl zu nutzen. Nicht zuletzt bei sich selbst – in der Humoreske *Die Fast-*

nachtsnarren taucht der Name *Wadenbach* auf – derselbe Name, den May trug, als er an der sächsischen Grenze der Verhaftung entgehen wollte. In der gleichen Geschichte heißen zwei Söhne eines Gastwirts *Heinrich* und *Fritz* – die gleichen Vornamen, wie sie die Brüder Münchmeyer trugen – Karl Mays Verleger in seiner Zeit der Fortsetzungsromane. Aber nicht immer spitzte er die Feder, um andere zu treffen.

> **Wenn der Heimat-Humorist zuschlug, dann in erster Linie, um seine Leser zum Schmunzeln oder gar zum Lachen zu bringen.**

Das gelang ihm mit dem liebevoll gestalteten *Professor Vitzliputzli*

– eingegangen in den Band 47 der *Gesammelten Werke* –, dem die Beschäftigung mit Indianerdialekten so sehr zum Bedürfnis geworden ist, daß er Brocken davon verstreut, wo er nur geht und steht. Ein bißchen hat May da auch sich selbst gezeichnet – wie er sich wohl entwickelt hätte, wären ihm nicht die genialen Figuren Old Shatterhand und Kara Ben Nemsi mit in die Wiege gelegt worden. Ein versponnener Sonderling, der Essen und Trinken vergißt über seinen indianischen Sprachproben. Da ist Old Shatterhand doch ein anderer Kerl und Kara Ben Nemsi erst recht!

Karl May verpflanzt den Professor mitten ins Erzgebirge und läßt ihn an der Seite einer fast ebenso treuen wie versponnenen Haushälterin in ein Mißgeschick nach dem anderen stolpern. Überdies ist er gar kein Professor, sondern hat auf der Universität nur mehr oder weniger dekorativ herumgestanden und sämtliche Examina verschusselt. Da ist es denn auch nicht weiter verwunderlich, wenn sein Ende vom Hauch des Tragikomischen umweht wird. Schon vorher deutet Karl May zart an, daß der Professor es auf der Lunge hat. Deshalb ist er schließlich in die gesunde Luft des Erzgebirges gezogen.

Eines Tages stellt der icherzählende Karl May alias Old Shatterhand alias Kara Ben Nemsi fest, daß Vitzliputzli gestorben ist. Umgehend macht er sich auf, um dessen Lebenswerk zu retten – allein, sich an einer Schnitzeljagd zu beteiligen, ist nicht Old Shatterhands Sache. Denn des Professors Erbe hat dessen sämtliche Manuskripte an den Besitzer einer Papiermühle verkauft, und der hat Schnipsel draus gemacht!

Wie gut, daß zumindest Old Shatterhand sämtliche Indianer-Mundarten im Kopf und auf der Zunge hat! So weiß er immerhin, daß *Vitzliputzli,* der Spitzname des Profs, sich ursprünglich vom altmexikanischen Gott *Huitzilopochtli* herleitet. Und der war einst ein außerordentlich gefürchteter Gott! Bis zu dem Zeitpunkt, an dem man ihn in Pension schickte. Pensionäre aber sind liebenswert und ungefährlich, und Heinrich Heine machte daraus, so erfährt der Leser seinen putzigen *Vitzliputzli ...*

Ein Heimat-Humorist darf niemals ruhen. So eilt auch Shatterhand nach seinem Gast-Auftritt bei Professor Vitzliputzli geschwind weiter, um nachzuschauen, wo er denn die Sterne der Heimat noch leuchten lassen könnte. Bald ist er fündig geworden. Wieder in der erzgebirgischen

Vom altmexikanischen "Huitzilopochtli" zum „Vitzliputzli"

Ecke, wo er auf ein holdes Wesen trifft und es ihn (sozusagen) eiskalt erwischt.

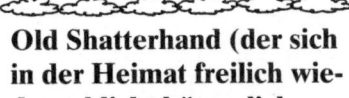

Old Shatterhand (der sich in der Heimat freilich wieder schlicht bürgerlich Karl May nennt) hat sich verliebt!

In der breit angelegten Erzählung *Wenn sich zwei Herzen scheiden* läßt er im Selbstversuch eine Martha Vogel auf sich los. Die erzgebirgische Strumpfwirkerstochter will den Karl ja durchaus haben und er sie ja auch, nur ... das Schicksal will eben nicht so richtig. (Vielleicht hatten auch die beiden Gattinnen Karl Mays etwas dagegen, daß er da mit einer Martha Vogel ... Weiß man's?) Kurz und gut, das Thema wird in der dreibändigen Reiseerzählung von *Satan und Ischariot* noch gründlichst ausgewalzt. Martha, die den Karl nun doch nicht kriegt, ist mit ihrem versoffenen Ehemann kreuzunglücklich, erbt zum Ausgleich aber ein Millionenvermögen, zu dem ihr Old Shatterhand verhilft. Danach ist sie zwar immer noch nicht ganz glücklich, aber es läßt sich doch wesentlich leichter ertragen.

Übrigens, musikalisch ist Karl May auch: *Wenn sich zwei Herzen scheiden* ist die Anfangszeile eines Liedes, das weitergeht mit *die sich dereinst geliebt, / das ist ein großes Leiden, / wie's größer keines gibt.* So groß ist das Leiden, daß eine Geschichte von knapp hundert Seiten und drei Bände mit Reiseerzählungen davon leben können. Die Melodie ist, wen wundert's, das Lieblingslied Old Shatterhands und wird ihm immer dann zu Gehör gebracht, wenn sich zwei Herzen scheiden ...

An der Heimat hing Karl Mays Herz immer (auch wenn die heimatlichen Büttel ihm zu Zeiten übel mitgespielt haben). Das zeigt sich daran, daß Heimatklänge vom Früh- bis ins Spätwerk zu vernehmen sind: von der *Rache,* die sich *Das erwachte Gewissen* zunutze macht bis hin zur herzigen Story vom *Geldmännle,* einem ausgesprochen putzigen Märchen, das Karl May am Ende seines literarischen Schaffens verfaßt hat.

Da konnte er schon so ziemlich machen, was er wollte (und er hat es gemacht).

Er war berühmt, er war reich und von vielen seiner Leser geachtet.

Im vorgerückten Alter hat er eine ausgesprochene Vorliebe für Verkleine-rungsformen entdeckt: aus dem Berg wird ein *Bergle,* aus dem Garten ein *Gärtle* und aus dem Haus ein *Häusle.* Und da die kriminellen Elemente auch hier nicht fehlen dürfen, wird aus dem Geldfälscher unversehens ein *Geldmännle,* das die Dorfbewohner mit falschen Talerscheinen traktiert. Herz, was begehrst du mehr! Ach ja, Verzeihung! Weil wir von Herz sprechen: natürlich heißt es in dieser Erzählung *Herzle.* Das Herzle ist eine liebenswürdige Klöpplerin, die mit ihrer Mutter und der Ziege Karlinchen auf dem Bergle wohnt, auf dem das Häusle steht, um das herum das Gärtle sich ausbreitet. Natürlich wird das Herzle zu guter Letzt die Ehefrau des Lehrers.

Vorher allerdings hat es in typischer Karl-May-Manier eine geradezu haarsträubende Mixtur von Mord, Selbstmord, Körperverletzung mit

nachfolgender Verkrüppe-
lung, Fälschung von Geld
und In-Verkehr-Bringen
desselben, Vernachlässi-
gung der Aufsichtspflicht
gegenüber Haustieren
(Karlinchen reißt nämlich
nachts aus und stößt mit
ihren Hörnern jemand,
der's verdient hat, ins
Wasser und damit zu Tode)
und allerhand andere
Lustbarkeiten gegeben.
Als Höhepunkt schließt
sich die große und einma-
lige Karl-May-Gespen-
sterjagd an: der Neubert-
bauer bringt sich um
(Messer ins Herz), kün-
digt zuvor aber an, daß
sein Geist in den Kör-
per des (grundschlechten)
Musterwirts fahren werde.
Und dort steckt er nun
zuweilen und treibt so viel
Allotria, daß die Bewoh-
ner des Dorfes schier das
kalte Grausen packt.

111

Aber Karl May wäre nicht Karl May, wenn nicht jedes Töpfchen sein Deckelchen und jeder Geist den ihm zugewiesenen Körper finden würde. So wird der Musterwirt aller Untaten überführt und stirbt, die Ziege Karlinchen stößt – wie schon angedeutet – dessen herzlose Tochter ins Wasser, die dabei äußerst unglücklich fällt und stirbt, der Lehrer kriegt sein *Herzle* und stir ... nein, natürlich nicht. Jeder bekommt das, was ihm zusteht!

Nachdem Karl May hier alles wohlgeordnet zurückgelassen hat, begibt er sich weiter, und wieder leuchtet ihm und uns ein heimatlicher Stern, der sich sogar zur Sonne auswächst: *das Sonnenscheinchen,* das im Band 43 der *Gesammelten Werke* auftaucht.

Auch hier frönt Karl May seiner Leidenschaft für Verkleinerungs-formen und läßt das *Majörle* eine Hauptrolle in der Erzählung spielen. Früher ist es, dem Rang seines Vaters entsprechend, nur ein *Hauptmännle* gewesen. Deswegen darf es auch eine Uniform tragen, die mit dem Rang des Vaters mitwächst.

In seinen späten Tagen hat Karl May sich mit diesen beiden Geschichten noch einmal intensiv auf der Heimat-Wiese getummelt, die Sterne der Heimat nach Kräften leuchten lassen und sich ausgiebig mit seiner erzgebirgischen Heimat beschäftigt.

Ansonsten hat er sich am Ende seines literarischen Schaffens lieber mit der Menschheitsfrage und der Menschheitsseele befaßt, hat seine Phantasie den phantastisch aufgezäumten Rappen Rih besteigen lassen und sich häuslich in seiner Symbolwelt eingerichtet. Daß wirklich nie-

Und die Heimat leuchtet ...

OMA, WILLST DU NICHT LIEBER MAL WAS ECHT FROMMES LESEN?

DIE BIBEL

LICHTE HÖHEN
KARL MAY

mand – nicht einmal er selbst – sich im Dickicht der Symbolik zurechtfand, stellte für *ihn* kein Problem dar. Ein materielles Problem schon gar nicht, denn dafür hatte der fleißige Vielschreiber (ohne daß die Qualität darunter gelitten hätte!) die Hand und die Feder kräftig genug gerührt.

Im Zuchthaus fing er an zu schreiben und machte seiner Heimat, deren

Gesetzeshüter ihn nicht gerade sehr liebreich behandelt hatten, alle Ehre. **Gerade am Anfang seiner literarischen Rennstrecke** (denn Laufbahn kann man bei seiner Arbeitsgeschwindigkeit kaum sagen) **läßt Karl May bereits in vielen Erzählungen die Sterne seiner Heimat leuchten und die Puppen dazu tanzen:** Bis ums Jahr 1880 herum schreibt er seine *Erzgebirgischen Dorf-*

geschichten und Humoresken, einfache Erzählungen, die nur den Anspruch stellen, unterhaltsam zu sein. *Der Wollteufel* nennt sich eine, eine andere *Der Dukatenhof* und die nächste *Das Dukatennest*. Mit vermeintlich teuflischen Mächten hat Karl May es dann zu tun, wenn er vom *Teufelsbauer* berichtet oder von *Samiel*. Ein rechter Schwank ist *Die verwünschte Ziege* und hoch, sehr hoch – bis zum scheinbaren Reichskanzler Bismarck und dem ebenso falschen General von Moltke – geht es in *Die falschen Exzellenzen* her. Ein Abenteuer, bei dem May einmal so richtig tief in die Schmink- und Verkleidungskiste greifen darf.

In *Des Kindes Ruf* geht es um einen unschuldig Verurteilten und im *Giftheiner* kann sich der solchermaßen geschmähte seines eigentlichen Spitznamens „Silberheiner"

letztlich wieder als würdig erweisen. *Die Rose von Ernstthal* läßt Karl May schließlich – leicht romantisch gefärbt – in seiner engsten Heimat spielen, seiner Geburtsstadt. Die vorläufig letzte Heimat-Erzählung schreibt er 1880, *Im Sonnentau* – in den *Gesammelten Werken* als „*Der Grenzmeister*" erschienen –, wo es wieder mal um eine nach langen Jahren gesühnte Schuld geht (reicher Bauer gegen armen, aber sauberen Bauern – und so weiter und so weiter).

Vier Jahre später – 1884 – nun ist der Heimatdichter Karl May nicht mehr zu bremsen. Er schreibt wieder einen seiner in jeder Hinsicht (Umfang, Thematik und Inhalt) gewaltigen Fortsetzungsromane, mit dem schönen, der Bibel entlehnten Titel *Der verlorene Sohn*. In den *Gesammelten Werken* haben die getreulichen Sachwalter

114

des Mayschen Erbes diesen Roman auf die Bände 64, 65, 74, 75 und 78 verteilt und ihm die schönen Titel *Das Buschgespenst, Der Fremde aus Indien, Der verlorene Sohn, Sklaven der Schande* und *Der Eremit* gegeben. Hier kann Karl May getrost in die vollen gehen – er muß es sogar, **denn jede Woche warten tausende von Fortsetzungsromanlesern begierig auf den Fortgang der Erzählung, die pflichtgemäß immer an der spannendsten Stelle abbricht.** Nun, in den grünen Bänden, der *Gesammelten Werke* bricht nichts ab, und der Leser kann ungehindert verfolgen, wie im *Buschgespenst* Franz Arndt mit allen Mitteln und Wegen dieses verfolgt. Der Geheimdetektiv ist dabei so außerordentlich geheim und sieht derart detektivmäßig aus, daß wir uns wundern, daß er überhaupt geheim bleibt. Aber im vergangenen Jahrhundert war eben so verschiedenes anders.

Trotzdem fühlen wir uns in der Welt des *Buschgespenstes* immer noch wohl, zumal Karl May kräftig Humor-Briketts nachlegt – der gutmütige und durchaus wunderliche Förster namens Wunderlich sorgt schon dafür.

Franz Arndt, dem der alte Förster durch das verschneite Erzgebirge hinterherstapft, ist, wen wundert's, Geheimdetektiv durch die Macht des Schicksals. Ja, wirklich!

Das verhält sich nämlich folgendermaßen: die Seidelmanns, eine verschworene Fabrikantensippe in Hohenthal pressen die armen Weber bis aufs Blut aus. (Das ist gar nicht mal ironisch gemeint, denn Gerhart Hauptmann hat wenige Jahre nach Karl Mays *Buschgespenst* mit seinem Theaterstück *Die Weber* den Finger nachdrücklichst auf die Webernot gelegt.) In der Tat liest sich dieser Roman Karl Mays wie ein Vorausbericht zu Hauptmanns Stück. Und wenn Karl May seine Abenteuer ums *Buschgespenst* mit einigen kriminalistischen Zutaten zur veritablen Schauermär anreichert, kann das einem vielbeschäftigten Autor von Fortsetzungsromanen keiner so recht verübeln.

Wie gesagt: die Seidelmanns machen gehörig Reibach auf Kosten der armen Weber – wie es unter Fabrikanten zur damaligen Zeit durchaus üblich war. Nebenbei unterhielten sie noch eine gutgehende Schmuggelei, deren Big Boss – sozusagen der Pate des Familien-Clans – Martin Seidelmann höchstpersönlich ist. Die Mutter des kleinen Franz Arndt nun war einst Hausmädchen bei Seidelmanns, geriet unter Diebstahlsverdacht, kam in den Knast und starb. Franz Arndt jedoch wurde ins

Reiche Fabrikanten, arme Weber, Ausbeutung bis aufs Blut – der „naturalistische" Zug Karl Mays im *Buschgespenst*.

Waisenhaus gesteckt. Langer Rede, kurzer Sinn: reiches, kinderloses Ehepaar kommt ins Waisenhaus, sieht den Knaben, adoptiert ihn, zieht ihn groß – und stirbt dann kurz nacheinander. Franz Arndt erbt ein Riesenvermögen, wird geheimer Detektiv und setzt sich auf die Spur seiner Mutter, um ihre Unschuld zu beweisen. Und Karl May wäre nicht Karl May, wenn Franz Arndt das nicht gelingen würde! Die Seidelmanns sterben bei Flucht und Verfolgung, die Weber werden von den Blutsaugern befreit, und Franz Arndt legt einen Strauß Schneeglöckchen aufs Grab seiner Mutter.

116

Der junge Webersohn Eduard Hauser – durch die schurkischen Seidelmanns in schlimmen Verdacht und ins Gefängnis geraten – wird von Franz Arndt in sämtliche bürgerlichen Ehrenrechte wiedereingesetzt und bekommt die Fabrik samt den Webern, die dazugehören, geschenkt.

Karl May hat dem Land der Sachsen kein großes, aber unendlich viele kleine Denkmäler gesetzt – das schönste vielleicht in den Erzählungen um den alten Grimmbart Fürst Leopold I. von Anhalt-Dessau. Da tauchen wir ein in ein alles andere als „historisches" Sachsen, in dem es im Grunde genau so zugeht wie in den späteren Reiseerzählungen: fest umrissene, kernige Typen treten auf, und die Guten sind von den Bösen relativ leicht zu unterscheiden.

Der gute, alte Leo gilt beim Volk als streng, aber gütig und gerecht und kann sich demgemäß auch einiges erlauben. Volkes Stimme (in Gestalt von deftigen Marktfrauen und resoluten Wirtinnen)

bezeichnet ihn als „*alten Knasterbart*", den „*alten Itzeblitz*" oder ehrfurchtsvoll als den *Alten Dessauer*. Historisch versierte Leser mögen vielleicht ganz leise mit den Zähnen knirschen, wenn sie daran denken, daß in Meyers Konversations-Lexikon von 1889 zu lesen steht, daß Fürst Leopold einen ausgesprochenen Hang zu *„ungestümer Leidenschaftlichkeit und unbezähmbarer Rohheit"* gepflegt hat. Was bei einem absolut regierenden Fürsten ja einiges heißen will. Und wenn da noch zu lesen steht, daß er Pünktlichkeit und Ordnung *„mit furchtbarer Strenge"* handhabe, kann sich der in demokratischen Verhältnissen guteingerichtete Leser wohl denken, **was** der alte Knasterbart so alles angerichtet haben mag – von schwerem Kerker bis hin zum Spießrutenlaufen ...

118

Von Karl May erwartet heute niemand ein getreues Abbild der historischen Wirklichkeit. Dieser Absicht steht 1. seine üppige Phantasie und 2. das, was die Leute lesen **wollten**, entgegen. Und außerdem – mit seiner Art, Geschichte zu betrachten, befindet sich Karl May in bester Gesellschaft. Er steht in einer Reihe mit Felix Dahn und den Regisseuren, die die „Sissi"-Filme gemacht haben. (Unter anderem.)

Besondere Zuneigung hat Karl May dem „*alten Itzeblitz*" ohnehin entgegengebracht. So soll er in einem Brief an seinen Verleger die Absicht entwickelt haben, einen Bühnen-Schwank vom *Alten Dessauer* zu gestalten. Idee: Der *Alte* besucht ein Stift für ältere adlige Damen, und die Bewohnerinnen bringen ihm ein gutgemeintes, aber schauderhaft klingendes Ständchen ...

Es macht Spaß, diese Geschichten vom alten Knasterbart zu lesen, dessen Neigung zur Brutalität hier nur sehr vorsichtig angedeutet wird. Ob er bei Karl May als *Scherenschleifer* auftritt, ob er sich als *Bäcker* versucht und fast im Teig erstickt, ob er bei einem Dorfschulzen als *Pflaumendieb* firmiert oder gar als *Leierkastenmann* der dörflichen Jugend zum Tanz aufspielt – der *Alte Dessauer* ist überall zugleich. Polternd beseitigt er jedwedes Hindernis für eine geplante Eheschließung, sofern die beiden Hübschen nur gut dessauerisch sind. Auch sonst pflegt er nicht lange zu fackeln, schließlich ist er immerhin der Landesvater, Landesherr und Fürst.

Eines steht fest – der Stern des *Alten Dessauer* leuchtet bei Karl May bis heute ...

119

„Ein Schuß, ein Schrei – das war Karl May!"

Karl May als Lyriker

Kennen Sie diesen Vers noch?

„Ein Schuß, ein Schrei – das war Karl May!

Er läuft ans Fenster – und sieht Gespenster.

Er zieht das Messer – 's geht schon besser!

Er zieht den Colt – Fortsetzung folgt."

Damit unterhielten sich Kinder in den fünfziger Jahren. Vortrefflich wird darin schon der Spannungsbogen aufgebaut, der mit dem abrupten Schluß gerade an der spannendsten Stelle meisterhaft gerät. (Genau wie vor über einhundert Jahren bei den Fortsetzungsromanen Karl Mays.) Aber zunächst wollen wir ja über Karl May als Lyriker reden. Davon wissen wirklich nur eingefleischte Karl-May-Fans etwas und verweisen voller Stolz auf den (leicht angestaubten) Band 49 der *Gesammelten Werke,* den der Karl-May-Verlag in Bamberg mit

dem wohlklingenden Titel
Lichte Höhen versehen
hat. Die Gedichte, die
Karl May verfaßt hat, sind
ein wenig anders als die,
in denen er – sozusagen –
gewürdigt worden ist.
Also eigentlich ganz
anders. Vielleicht reicht es
zunächst mal aus, einige
Titel der Mayschen Lyrik
aufzuführen.

*W*idmung heißt das
erste der Gedichte,
die laut Verlag, „*an der
Schwelle zum Alterswerk*"
entstanden sind. Und
dann folgt es Schlag auf
Schlag: *Meine Legitimation* nennt sich das nächste;
es folgen *Ragende Berge,*
ein *Gottesgedanke,* eine
Gottesstunde, die *Prüfung.
Mein Himmel* mag der
geplagte Leser jetzt seuf-
zen. Richtig geraten! So
heißt der nächste Erguß.
Hinauf – hinab geht es
weiter, die *Heilsbotschaft*
dringt zum *Vater,* der
Läuterung kommt die
Wohltätigkeit gleich hinterher, und der *Eitelkeit*

gebührt dennoch das *Ver-
zeihen. Dein Auge* strahlt
unendliche *Güte* aus, und
frisch gestärkt geht's *In die
Berge.* Aber ja doch –
Empor! heißt die Parole,
und ein *Volkslied* preist
die *Einsicht* auf die *Frage,*
welcher *Doppelsieg* mit
Wehmut unsern Dichtern
zukommt. Haben sie doch
nur dem *Vogelsang* ge-
lauscht und immer wieder
gefragt: *Wo sind die Dei-
nen?* Da wird sich man-
cher Dichtersmann hinge-
setzt und ein kleines
Brieflein *An die Mutter*
geschrieben haben, wohl
auch mit einer Träne im
Auge dem lieben, alten
Großmütterchen gedacht
haben. Ja, ja – unsere
Dichter! *Frühling* ist's und
obwohl sie *blind und doch
sehend* sind, ist *Im Alter*
der Blick in die *Kindheit*
doch leicht getrübt. Da
fordert das *Heimweh*
mit Macht seine Rech-
te! Wenn man an *Das
Kapellchen am See* denkt,
nutzt es wenig, ein Weil-
chen *Einer frommen Bete-*

rin zuzuhören. Hört man die *Mahnung* aus *Kanaan?* Ist's etwa *Nur einer,* der einem zuruft: *O bete gern! Ich liebe* den *Segen,* wird Karl May darauf antworten, und meine *Ruhe.* Und *Zwei Fragen* müssen noch geklärt werden, damit endlich *Klarheit* über die *Klage* gegen den *Nachruf* herrscht:

Ist es denn wirklich *Zufall,* daß jetzt *Schweigen* herrscht? *Von Kampf zu Kampf* eilt der Streiter mit nimmermüdem Herzen. Die Zeit eilt dahin wie im Flug. Hat der Dichter *Die Menschheitsseele* schon nach der Uhrzeit gefragt? Ist es Zeit für *Das Wort,* daß *Kein Tod* uns trennen kann? Ein *Trost* bleibt uns: auch mit der *Oberflächlichkeit* der *Gewissenserforschung* muß es irgendwann einmal zwangsläufig *Zum Schluß* kommen.

Wenigstens einen Teil der späten Gedichte Karl Mays haben wir nun mit den Titeln genannt. Aber auch schon in seinen frühen Jahren hat er mit dem Lyrik-Teufel gekämpft. Und da sagen Titel wie *Röslein an der Hecke* oder *Der blinde Bergmann* samt ihrem Text auch nicht gerade viel mehr aus.

Karl May hat sich zu Lebzeiten ohnehin nicht recht getraut, den Großteil seiner Lyrik zu veröffentlichen. Wohl mit Grund – denn **selbst der ihm (naturgemäß) äußerst wohlwollend gegnüberstehende Karl-May-Verlag meint, daß seine Gedichte keine Kunstwerke sein wollen.**

Der echte und einzig wahre Karl May war **das** wohl ohnehin nicht. Wenn er in seinem *Volkslied* mit „*Wach auf, wach auf, du deutscher Wald!*" beginnt, dann sicher nicht, um endlich den Eintritt des Frühlings zu fordern. Nein – Karl May meint ganz naiv, daß die heilge

Kunst ins Ausland betteln gehen müsse. Ganz am Schluß verrät er uns die tief und tiefer schürfende Weisheit: *denn ist des Volkes Seele krank, krankt auch des Volkes Lied.* Das hätte vermutlich auch einem gewissen Adolf Hitler gefallen, der anläßlich der berühmten Rede Karl Mays (gehalten eine Woche vor seinem Tod in Wien) *Empor ins Reich der Edelmenschen* begeistert mitgeklatscht haben soll.

Zum Glück ist Karl May der Erfolg als Lyriker versagt geblieben. Selbstverständlich gehört der Band 49 der *Ges(t)ammelten Werke* ins Regal jedes Fans, schon der Vollständigkeit halber. Zu lesen allerdings – na ja, man kann sich einmal hindurchzwingen. Aber sie stehen auch ohne gelesen zu werden sehr schmuck im Regal, zwischen Band 48 *Das Zauberwasser* und Band 50 *In Mekka.*

Das Versmaß eines deutschen Westmanns und Weltläufers ist schlicht und einfach. Es würde aber auch einigermaßen schwerfallen, sich Old Shatterhand ausgestreckt am Lagerfeuer vorzustellen, Zigarre im Mundwinkel, Gewehr in der Hand, um weißen Mordbuben und verführten Indsmen eins auf den Pelz zu brennen, wenn man gleichzeitig eine Gedichtzeile wie

Es fiel ein Tau wohl über Nacht / rings auf die durstig matten Auen

vor seinem geistigen Auge hat. „*Ein Schuß, ein Schrei ...*" paßt dazu eigentlich viel besser als die selbstverfaßten Nachlaß-Gedichte Karl Mays.

Predigen tut er eh schon genug, der Old Shatterhand! Mag es einer

124

hören wollen oder nicht! Sehen wir uns ruhig in den *Old Surehand* Bänden um, wo der uralte und ohne Unterlaß sündige Old Wabble auf einem Wüstenritt in dunkler Nacht in Old Shatterhands Theologie eingeführt wird. Und weil er da partout nicht hören will, kommt's um so schlimmer, das Strafgericht: Old Wabble wird mit dem Unterleib zwischen einen Baumstamm gepreßt, in den man Keile ... na ja. Jedenfalls wird der alte Wabble ganz schön malträtiert und muß dem aufrechten Old Shatterhand endlich mal zuhören. Gedichte werden aufgesagt (nicht die von Karl May, sondern richtige), Lieder gesungen, und schließlich scheidet Old Wabble in Frieden von dieser Welt.

Selbst im Orient kann es Kara Ben Nemsi nicht lassen. Durch die Waffen der Tat bekehrt er seinen Hadschi Halef Omar zum Christentum, in der Folge davon gar noch den ganzen Stamm der Haddedihn-Araber und findet noch öfters Gelegenheit, christianisierend zu wirken. Aber seine eigenen Gedichte läßt er dabei weitgehend aus dem Spiel. Weitgehend, aber nicht vollständig! Wiederum in den finsteren Abgründen des Wilden Westens ist es, wo er seinen Band *Weihnacht* spielen läßt, und da muß der geplagte Leser sich in dem sonst sehr spannenden Text durch etliche Strophen des gleichnamigen Gedichtes quälen. Der Dichter selbst erspart uns gnädigerweise alle vierundzwanzig Strophen des Werkes. Der Karl-May-Verlag dagegen bietet es uns in ungeteilter Länge im Band *Lichte Höhen* an. Immer, wenn der Spannungsbogen gerade seinen Höhepunkt erreicht, läßt Karl May sein Gedicht vortragen. Absolutes Highlight ist hier der Tod seines Busenfreundes Carpio (genau so alt wie Old Shatterhand, aber dafür ein grandioser Versager im Wilden Westen). Als Carpio stirbt, schweigen alle Waffen, der Weihnachtsbaum brennt, und der todkranke Busenfreund darf noch einmal Karlchens Weihnachtsgedicht vortragen. Überhaupt stellt dieses Gedicht den Leib- und Magentraum eines jeden Lyrikers dar – greift es doch, angefangen von der guten alten Schülerzeit Old Shatterhands bis hin zum Wesen und Wirken des kernigen Westmanns

Karl Mays Weihnachtsgedicht – der Höhepunkt in *Lichte Höhen*.

an diversen Stellen ins volle Leben der Romanfiguren. Davon hat Karl May sicherlich geträumt, und wenn's schon nicht so in Wirklichkeit war, hat er's weiß Gott oft genug in diese Reiseerzählung eingeflochten. So oft, daß es wirklich **jeder** Leser merken muß.

Carpios Tod steht dem von Jung-Siegfried, Ludwig II. von Bayern sowie Sokrates Ableben in nichts nach. **Jeder wahre Karl-May-Fan wird Tränen des Schmerzes dabei vergießen. Es muß endlich einmal in aller Deutlichkeit gesagt werden: bei Karl May stirbt sich's am schönsten.** Da können Mynheer Peeperkorn aus Thomas Manns *Zauberberg* und auch das Gretchen aus Goethes *Faust* keineswegs mithalten. Und Gedichte gibt's bei Karl May frei Haus dazu. Wie gesagt: wenn Carpio in der Wildnis des ameri-kanischen Westens **sein** letztes Wort des Gedichts *„in einem fast unhörbaren Seufzer"* zum Himmel schickt, brechen alle Dämme gegen die Tränenflut:

> **„Carpio ist tot. Der Himmel hatte ihn selbst emporgezogen. Das letzte Licht am Baum verlosch; es war, als ob das ganze Tal und jeder von uns stumm geworden wäre."**

Weihnachten in der amerikanischen Wildnis, ein Deutscher ist dabei, und ein Gedicht wird aufgesagt: da unterdrücke die Tränen, wer kann!

Karl Mays eigene Gedichte werden allerdings höchst selten rezitiert. Da ist es selbst für den guten alten Winnetou, den roten Blutsbruder von Scharlih,

ein besonderes Bonbon, wenn er zu den Klängen des von Karl May verfaßten und eigenhändig vertonten *Ave Maria* stirbt, das noch dazu – wie schon im dritten Kapitel vermerkt – von einer Gruppe aus Deutschland stammender Siedler vorgesungen wird. Old Wabble dagegen muß sich mit den Versen des alten Kirchenliedes *O Ewigkeit, du Donnerwort* begnügen. Wäre ja auch noch schöner, wenn der zwar reuige, aber alte Sünder zu Ehren eines von Karl Mays lyrischen Texten käme!

Auch in Band 40 der *Gesammelten Werke,* dem *Blauroten Methusalem* singen die Leute, was die Kehlen hergeben. Einem deutschen, in China lebenden Fabrikanten wird von

Freunden und Anverwandten das Lied *Was ist des Deutschen Vaterland?* vorgesungen. Zum Geburtstag – denn **er** stirbt nicht, der Herr Fabrikant, aber es werden dennoch reichlich Tränen vergossen.

Wir merken uns:

Wenn geweint oder gestorben oder gar beides getan wird: dann ist Maysche Lyrik angesagt!

Selbst in der Heimat-Story vom *Giftheiner* treibt es den Heinrich Silbermann um – er ruht nicht eher, als bis seine *Gebirgsklänge* in der Mundart des Erzgebirges bei ihm unterm weihnachtlichen Gabentisch liegen: *„Sie hielt ihm einen Prachtband entgegen, auf* *dessen Vorderseite die goldne Inschrift flimmerte: ‚Gebirgsklänge. Von Heinrich Silbermann‘.“*

Na, wenn das keine gelungene Weihnachtsüberraschung ist! Ein Dichter von Karl Mays Gnaden ist auch Richard Bertram, der im Band 65, *Der Fremde aus Indien,* sein Wesen treibt. Richard Bertram – der eigentlich Robert von Helfenstein heißt – ist Dichter aus Berufung, und arm dazu. Ein klassischer Fall sozusagen, weil die Anwartschaft auf Ruhm und Ehre als Dichter bei ihm unter den günstigsten Voraussetzungen steht! Karl May ist aber ehrlich genug, auch andere Meinungen über Dichter zuzulassen. Wie sagt im *Fremden aus Indien* jemand sehr richtig? *„Ein Dichter? Pah, das ist ein Mann, der zu dumm ist für ein vernünftiges Geschäft; deshalb macht er Reime und sucht andere Dumme, die kaufen seine Reime.“* Aber schöne Reime macht er schon, der Richard Bertram! *„In ihrem Gang ist Palmenbiegen, / und Blumen schmücken ihr Gewand; / sie stillt der Winde Wipfelwiegen / mit einem Winken ihrer Hand. / Ist sie zur Welt herabgestiegen, / ruht Frieden überm müden Land."* Das Werk von Richard Bertram alias Robert von Helfenstein heißt *Nacht der Tropen* und ist unter dem Pseudonym *Almansor* veröffentlicht worden.

So gerne wäre er als Lyriker bekannt geworden, unser Karl May! Aber leider – es wird nichts daraus. Er muß sich damit begnügen, daß Richard-Robert-Almansor zum gefeierten Lyriker aufsteigt. Für den liegt unter dem weihnachtlichen Gabentisch **sein** Buch: *Die Heimat- und Tropenbilder* von Almansor. Und Karl May steht dahinter und freut sich

selbstlos. Was bleibt ihm auch anderes übrig? Nur ein Verleger bot ihm jemals an, einen Prachtband seiner eigenen Gedichte herauszugeben, mit dem goldgeprägten Signet *Karl May.*

Er brauchte eigentlich auch keine Gedichte zu schreiben. Aber er will es, und das ist das Problem. Ein wenig erinnert er an Wilhelm Buschs verhinderten Dichter Balduin Bählamm, über den es heißt:

„Und dennoch zwingt ihn tiefes Sehnen, / Sein Glück noch weiter auszudehnen. / Er möchte dichten, möchte singen, / Er möchte was zuwege bringen/Zur Freude sich und jedermannes; / Er fühlt, er muß, und also kann es."

Unglücklicherweise fühlt auch Karl May, daß er Gedichte machen muß. Glücklicherweise ist er

131

aber gleichzeitig ein begnadeter Verfasser von Reiseerzählungen. Und weiterhin zum Glück haben seine Verleger ihn nicht gerade ermuntert, doch mal ein Bändchen Gedichte für die *Gesammelten Werke* zu schreiben. Und Karl May hat sich (Gott sei Dank!) daran gehalten.

Karl May als Fortsetzungsromanschreiber

Eigentlich hat Karl May überhaupt keine Zeit gehabt, Gedichte zu schreiben. Wie erwähnt: in viereinhalb Jahren mußte er **16 000 Seiten** für die **Fortsetzungsromane** des Verlegers Münchmeyer schreiben! Begonnen hat er mit dem *Waldröschen,* auf den sein Verleger den bombastischen Untertitel draufsetzte *Die Verfolgung rund um die Erde.* Karl May setzte noch

einen ebenso bombastischen und außerordentlich wohlklingenden Namen unter das Manuskript: *Kapitän Ramon Diaz de la Escosura.* Die Erlebnisse, die dieser Mann schildert, spotten ohnehin jeder Beschreibung. Doch Karl May läßt sich dadurch nicht anfechten. Er beschreibt sie, und wie! Schließlich wollte und mußte er Geld verdienen und hatte weiß Gott keine Zeit dazu, bei jedem Wort, das ihm in die Feder geriet, noch grammatische Nachschlagewerke zu wälzen. Seine Leser wollten sowieso keine stilistischen Filigranarbeiten, sondern packende Romanfortsetzungen, in denen Blut, Intrigen, edle Helden und finstere Schurken zuhauf vorkamen. Und sie spinnen abgrundtief bösartige Ränke – die finsteren Schurken selbstverständlich.

Wie von Furien gehetzt, fuhr die

Feder des legendären Vielschreibers Karl May übers Papier. Wobei *Vielschreiber* nicht zwangsläufig abfällig *Schreiberling* bedeuten muß, bei Karl May schon gar nicht. Die Leute bekamen, was sie wollten. Daß der pausenlose Schriftsteller gelegentlich mal aus der Reihe kam und irgendeine lästige Nebenperson eben für ein paar Jahre auf eine einsame Insel verfrachtete (wo sie garantiert nicht stören würde), daß er wunderschöne Handlungsstränge manchmal schlicht vergaß und sich mit angemessener Hektik darum bemühte, überflüssig gewordenes Roman-Personal **zufällig** aus dem

133

Weg zu räumen, das alles verziehen ihm seine Leser, sofern sie's überhaupt bemerkten. Der Bamberger Karl-May-Verlag hat diese fünf Lieferungsromane Karl Mays von allzu versponnenem Wildwuchs gereinigt und sie allesamt in die Ausgabe der *Gesammelten Werke* eingebracht. Und da stehen sie nun: vom 1882 erschienenen *Waldröschen* bis hin zum bayernseligen *Der Weg zum Glück.*

Aus dem *Waldröschen* wurden sechs Bände, in denen es vom *Schloß Rodriganda* in kühn geschwungenen Bögen zum *Sterbenden Kaiser* ging, *Die Liebe des Ulanen* mußte ebenfalls einen dornigen Weg über vier Bände hinweg bis zu den *Herren von Greifenklau* zurücklegen, *Der verlorene Sohn* suchte sich vom *Buschgespenst* an fünf Bände lang höchstselbst, *Deutsche Herzen, deutsche Helden* guckten sich vier

16 000 Seiten Fortsetzungsromane – Karl May ist nicht zu bremsen.

Bände lang gegenseitig ins Auge – von *Allah il Allah* bis ins ferne Rußland, wo *Zobeljäger und Kosak* sich tummeln. Na, und den *Weg zum Glück* kennen wir ja schon: als sehr steinigen und schwierig zu bewältigenden Pfad, der immerhin auch fünf Bände füllt.

Das Erfolgsgeheimnis Karl Mays tritt auch in diesen rund 16 000 Seiten klar zutage: er langweilt seine Leser nicht, auf keiner Seite der Romane, bis heute nicht! Seine Erfahrung mit den Fortsetzungsromanen Karl Mays hat auch Peter Handke gemacht. Seine Literatur-Würden berichtet uns, er habe als Siebenjähriger *Durchs wilde Kurdistan* gelesen und danach *Schloß Rodriganda*. Bitter enttäuscht, ja verärgert sei er gewesen, und noch in des Buches Mitten hätte er auf das große, alles überragende *ICH* gewartet, das nicht

134

kam. Doch dafür taucht eine wahre Sturzflut anderer Personen auf.

Und vom deutschen Haupthelden *Doktor Sternau in Schloß Rodriganda* **bis hin zum** *König Ludwig II. von Bayern* **ist wirklich für jeden etwas dabei.**

Karl May als Symbolschriftsteller

Nach den Fortsetzungsromanen kamen die Reiseerzählungen, die in rund 30 Bänden den bis heute weltweiten Erfolg des Schriftstellers Karl May begründeten. Aber, o je, was kommt danach? Jetzt plötzlich wollte Karl May ernst machen und ernsthaft werden. Hierfür maßgebend ist wohl auch seine große Orientreise, zu der er um 1900 startete – auf den damals schon weidlich ausgelatschten Pfaden des Tourismus. Karl May staunte. Allerdings nicht wie ein gläubiger Tourist, der das, was er anstaunt, schließlich achselzuckend hinnimmt. Er war ehrlich verblüfft darüber, daß die herrlich bunt gemalte Welt seiner Reiseerzählungen eigentlich in keiner Ecke des Orients wiederzufinden war. Aus lauter Verzweiflung fing er mit dem Gedichteschreiben an. Als er wieder zu Hause in Sachsen war und ihm das auch keinen Spaß mehr machte, dachte er sich etwas anderes aus: *zum Symbol-Reiter über den Bodensee* wollte er werden. Flugs begann er damit, im ersten Teil seiner Autobiographie – die er *Mein Leben und Streben* nennt, zu behaupten, *Old Shatterhand* und *Kara Ben Nemsi* seien als „jene große Menschheitsfrage gedacht", *Hadschi Halef* als die „Menschheitsanima". Na ja. In Amerika sollte es eine männliche Gestalt sein – der gute alte *Winnetou,* an der sich die Leser orientieren sollten und im Orient eine weibliche (Marah Durimeh).

Selbst gutwillige Leser seiner Werke erklärten verdutzt, sie hätten noch zwanzig Bände weiterlesen können, ohne jemals hinter diese Geheimsprache zu kommen. Aber die Seelen-Wanderungen waren in Karl Mays Augen sowieso nur die Vorbereitungen zu seinem Haupt-, Leib- und Seele-Werk, das heute in seinen *Gesammelten Werken* von Band 28 bis Band 33 vertreten ist. Die Bücher, die Karl May selbst so hoch ansetzte, daß er einmal behauptete, erst mit ihnen habe er eigentlich zu dichten angefangen, heißen: *Im Reiche des silbernen Löwen* (klingt ganz gut; Hadschi Halef kommt drin vor, auch Sir David Lindsay, der fidele Engländer, aber **wie** kom-

Karl May auf dem Esoterik-Trip.

men sie vor!), *Das versteinerte Gebet* (an dessen Schluß wieder mal ein Gedicht steht – er kann's nicht lassen, der Karl May), *Und Friede auf Erden* – ein Roman, der so friedenssüchtig ist, daß er Karl May gar die Friedensfrau Bertha von Suttner zur Freundin gewann, *Ardistan* und der *Mir von Dschinnistan,* in dem man auf Schritt und Tritt über von Karl May reichlich ausgestreute Symbole stolpert und schließlich und endlich *Winnetous Erben.*

Dieses Buch hat Karl May 1909 geschrieben, nach seiner Amerika-Reise. **Um es vorweg zu nehmen: die ersten drei Winnetou-Bände sind besser.** Da hat Karl May vor sich hingeträumt und frisch drauflosgeschrieben, hat Sam Hawkens und den Halunken Santer hineingedichtet und im übrigen die Amerikaner Amerikaner sein lassen.

136

Jetzt aber, nach der großen Reise, ist für den alten und unerschrockenen Phantasten auch das Feld der dark and bloody grounds zum steinigen Acker geworden.

Geradezu mühsam kommt er in *Winnetous Erben* in die Gänge. Ein schier endloser Briefwechsel kommt dem Bedürfnis des Lesers nach einem Mittagsschläfchen sehr entgegen. Erwacht der Leser danach und will erneut zum Buch greifen, kommt der nächste Schock: Karl May will mit dem *Herzle,* seiner geliebten zweiten Frau auf die Reise gehen. Steht nicht weiter vorn in **diesem** Buch, daß ein ordentlicher Westmann seine Frau zu Hause läßt oder

lieber gar keine hat? Nichts da – das *Herzle* muß mit, Karl May tut's nicht anders.

Kurz und gut – es geht in *Winnetous Erben* darum, daß sich die guten Weißen und die guten Roten zusammentun wollen, um ihrem ebenso geliebten wie toten Oberhäuptling *Winnetou* ein riesiges Standbild auf dem Mount Winnetou zu errichten. Das fällt aber, kaum steht es, wieder in sich zusammen. Und umgehend ist der rüstige Old Shatterhand als Mittsechziger zur Stelle, um mahnend den Finger zu heben und sinngemäß zu sagen:

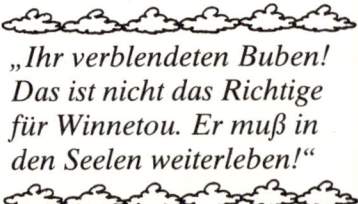

„Ihr verblendeten Buben! Das ist nicht das Richtige für Winnetou. Er muß in den Seelen weiterleben!"

Na, das tut er dann ja auch. Er lebt in den Seelen von *Millionen lesehungriger*

Karl-May-Fans, gegenwärtiger wie künftiger. Allerdings tut er dies weniger in Karl Mays *Symbol-Werken,* auf die dieser viel Zeit und Mühe verwandt hat – und die im Karl-May-Regal nur Alibi-Funktion haben – als in dessen herrlich bunten *Reiseerzählungen,* die seine Fans immer wieder aufs neue begeistern.

Wie wir schon wissen, war Karl May bereits am Ende des 19. Jahrhunderts ein gefeierter Schriftsteller. Er ist es allenthalben (*auch seines 150. Geburtstages wegen*) im 20. Jahrhundert. Und er wird es ganz bestimmt noch im nächsten Jahrtausend sein. Wie auch ein weiterer Literat, bei dessen Namensnennung literaturbeflissene Zeitgenossen erstarren (vor Ehrfurcht oder vor Schreck): Arno Schmidt, ein Dichter deutscher Sprache, ein hervorragender Übersetzer und zu Lebzeiten ein ver-

grätzter Einsiedler in der Lüneburger Heide, der sich daran machte, 1963 über Karl May ein Buch mit dem Titel *Sitara und der Weg dorthin* zu schreiben. Hätte er's doch gelassen! Dann könnten sich die Arno-Schmidt-Fans weiterhin an *Zettels Traum,* an *Kaff* oder *Abend mit Goldrand* erfreuen! So aber erschreckte er Fans und Nicht-Fans mit einem Buch, das er eine *Studie über Wesen, Werk und Wirkung Karl May's* nannte. Zu Wesen, Werk und Wirkung Arno Schmidts paßt es, daß er die Spätwerke Karl Mays für absolut groß hält und den Rest für blödsinnigen Kitsch. „Ein gewaltiger Pfuscher" hätte es geschrieben, so bemerkt er. Zu welchem Schluß aber kommt Arno Schmidt? Langer Rede, kurzer Sinn: Karl May war – nach Arno Schmidt – homosexuell. Nun wäre das heutzutage keineswegs ehrenrührig. Aber die Art, wie Arno Schmidt

139

dies beweisen will, ist oberlehrerhaft. Denn Arno ist der „Helmut" der deutschen Literatur (nicht Kohl, sondern Schmidt). Er weiß nämlich alles besser, zum Beispiel, daß bei Karl May jeder Strauch, jeder Baum, jedes Tal und jedes Rinnsal seine schlimme Nebenbedeutung hat.

Demnach wartet im grünen Tal das „Geni*tal*", und irgendwo darüber steht Karl May, der laut Arno kein *„armes Würstchen"*, sondern gar *„ein Koloß von Würstchen"* sei. Über 360 Seiten zaubert Arno Schmidt aus seinem Hut Sex-Symbole, an die unser Symboliker Karl May nicht einmal im Traum zu denken gewagt hätte. Vielleicht trifft Karl May im literarischen Olymp irgendwann mal auf Oscar Wilde oder André Gide. Und vielleicht nimmt Oscar Wilde dann Arno Schmidt ein bißchen auf die Seite. Damit er sich endlich mal darüber auf-

klären lassen kann, was es mit der Homosexualität wirklich auf sich hat.

Der Leser wischt sich derweil die staubigen Reste des symbolischen Trümmerfelds aus den Augen und geht nach Haus, wo im Karl-May-Regal neben sieben Bänden symbolischen Brimboriums rund 30 Bände mit Reiseerzählungen und anderen Romanen stehen. Hier steht **Karl May as its best** – obwohl **er** das gegen Ende seines Lebens gar nicht mehr so gern gehört hätte!

Doch Karl May ist für seine Fans nun mal der Schöpfer von Winnetou, Hadschi Halef Omar, von Hobble-Frank, Hatatitla und Rih.

Da kann Karl May noch so oft beteuern, **das alles** seien nur Vorstufen zu seinem eigentlichen Werk

141

gewesen, das dann aber einfach nicht kommen wollte. Jedenfalls nicht so, wie er sich das gedacht hatte.

Gedacht hat Karl May sich wohl auch nicht, daß **er** einst die Bevölkerung des deutschen Sprachgebietes in zwei Lager spalten würde: nämlich erstens in die **Karl-May-Leser** und zweitens in jene, die das unverdiente Pech hatten, niemals mit Old Shatterhand und Winnetou über den heißen Wüstensand des Llano Estacado geritten zu sein und die nie dabei sein konnten, wenn Hadschi Halef Omar durch sein überragendes Rednertalent wieder mal alles ins rechte Licht gerückt hat: die **Nicht-Karl-May-Leser** nämlich.

Doch Karl May überlebt diese Spaltung, die quer durch Deutschland, die Schweiz und durch Österreich geht,

Wie gesagt: er ist noch immer der deutschsprachige Schriftsteller, dessen Werke am meisten verkauft werden.

ganz gut. Und man kann jeden Steppke beim Murmelspielen auf der Straße fragen, jede Hausfrau hinter ihrem Staubsauger (übrigens auch jeden Manager, der ganz bestimmt seit Jahren außer seinen Börsenkursen absolut nichts mehr gelesen hat) – **Karl May kennen sie alle. Selbst wenn sie ihn noch nie gelesen haben sollten.** Mehr als hundert Jahre lang hat er in Kinderzimmern und Erwachsenen-Stuben für wilde Reiter-Spiele und für Spannung gesorgt. Spannung, bei der die Leser nie um Leib und Leben des Haupthelden fürchten mußten, da dieser wie der Phönix aus der Asche, immer wieder aus dem Schlamassel herauskam.

142

Denn das tut Old Shatterhand auf jeden Fall – kaum wird er in ein Schlammloch gestoßen, schwimmt er auch schon wieder obenauf, steigt heraus und schüttelt den Dreck von sich ab. Pflegeleicht? Kein Problem. Oder war Old Shatterhand jemals ernsthaft krank? Gut zu handhaben ist er sowieso. Und außerdem überall und jederzeit einsatzbereit, wie der fast ebenso legendäre Spezialagent 007. Nur mit den Liebes-Abenteuern haben es Kara Ben Nemsi und Old Shatterhand nicht

so sehr, was ja auch nicht sein muß. Die jüngeren Leser stehen sowieso mehr auf Kriegsgeschrei und Kolbenhieb als auf heiße Seufzer und schmachtende Lippen.

So ist Kara Ben Shatterhand ein Held für (fast) alle Gelegenheiten. Immer zur Stelle, allzeit bereit und immer der endgültige Sieger. Das beruhigt außerordentlich. Nicht nur die Kinder, sondern auch die Erwachsenen. Denn wer sieht es nicht gern, wenn der Held zwar hier und da einen Kopfstüber oder Kolbenhieb davonträgt, aber das Banner des Sieges letztlich doch über seinem Haupt flattert?

Helden sind zu jeder Zeit brauchbar, vor allem solche Helden, wie sie Karl May fabrizierte: abwaschbar, pflegeleicht und gut zu handhaben.

Karl May als Jugendbuchautor

In Millionen von Haushalten reiten Old Shatterhand und Winnetou für die Gerechtigkeit,

143

streitet Kara Ben Nemsi, den Hadschi Halef Omar an der Seite, für die unter dem Islam ächzenden Muselmanen.

Die immer wieder nachwachsenden treuesten Fans aber sind zweifellos die Kinder. Und speziell für sie hat Karl May ein Menü aus sieben Bänden zubereitet.

Den Auftakt bildet *Der Schatz im Silbersee* – eine perfekte Anleitung zum Indianerspielen mit einem Riesenaufgebot an handelndem Personal. Da darf ein spleeniger Engländer natürlich nicht fehlen, der auf zwei echte, rechte Westläufer trifft, wie sie nun einmal nur bei Karl May herumlaufen. Den *Humply Bill* und den *Gunstick-Uncle*, die auf Seine ehrenwerte Lordschaft, *Sir Castlepool* treffen. *Old Firehand*, ein Westmann von echtem Schrot und Korn legt sich mit den berüchtigten Tramps und deren Anführer, *Cornel*

Brinkley an, der wiederum ein Bösewicht reinsten Geblüts ist (von Karl May vorsorglich mit roten Haaren ausgestattet) und nichts anderes im Sinn hat, als den aufrechten und ehrlichen Mitmenschen – die

> **Wenn He-Man und Gameboy zu langweilig werden – Karl May liefert die ideale Anleitung zum Indianerspielen.**

obendrein noch Geld haben – nachzustellen und sie um Hab, Gut und Leben zu bringen. Insgesamt ist also allerhand geboten: schwarze Panther (natürlich von Tierfängern in den Westen gebracht), galgengesichtige Ganoven, rauhe, aber herzliche Holzfäller, der spleenige Lord, Kampf der Ganoven mit den Aufrechten um eine Farm (in der sich die Guten verschanzt haben), der Mord an einem Unschuldigen

(muß sein, damit die gerechte Strafe um so gerechter trifft), Gefangenschaft bei den Utah-Indianern (muß auch sein, damit Winnetou und Old Shatterhand zeigen können, was sie drauf haben), Zweikämpfe zwischen Indianern und Weißen, damit **die** auch zeigen können, was sie drauf haben – und zum Schluß eine Indianerschlacht mit allen Schikanen.

Dazwischen geht irgendwann und irgendwo der Cornel mitsamt seinen galgengesichtigen Tramps hops. Mit blutroten Schädeln liegen sie im Schein der Abendsonne in einer Reihe nebeneinander (das haben sie nun davon). Und zum guten Schluß folgt die Belohnung: weil unsere Helden alle schön brav waren, gibt's den *Schatz im Silbersee*.

145

Aber damit nicht genug. Weil's bisher so schön spannend war, geht's im *Ölprinz* gleich in gewohnter Manier weiter. Mit fast demselben Handlungspersonal. Old Shatterhand und Winnetou sind wieder dabei, ebenso der Hobble-Frank und die Tante Droll. Für die Lacher ist diesmal kein Lord zuständig, sondern zur Abwechslung wieder mal jemand aus der Dresdner Gegend: der Herr Kantor *Matthäus Aurelius Hampel* aus Klotzsche bei Dresden. Der will eine Indianeroper in 12 (zwölf!) Akten komponieren und sucht an den unmöglichsten Orten und in den unpassendsten Situationen nach Noten, Takten und Stoff dafür. Natürlich leuchten die Schurken auch wieder blutrot vom imaginären Werbeplakat – **KARL MAY PROUDLY PRESENTS: Fred Buttler**, Boß der **Finders** und **Mr. Grinley, der Ölprinz!!!**

Natürlich ist Mr. Grinley **kein** Ölprinz. Der einzige gute Gedanke, den er hatte, war, einen Bankier aus dem Osten für sehr viel Geld so aufs Kreuz zu legen, daß dieser lange an ihn denken mußte. (Sicher ist es keine Überraschung – selbst für den Karl-May-Leser, der den *Ölprinz* noch nicht kennen sollte – wenn wir an dieser Stelle verraten, daß ihn letztlich die gerechte Strafe trifft. Und wie! Aber mehr wird wirklich nicht verraten.)

Der Humor kommt in dieser Jugend-Erzählung Karl Mays ebenfalls nicht zu kurz. Außer dem bereits erwähnten Kantor (der im Film – welch glückliche Fügung – übrigens von Heinz Erhardt gespielt wurde) treten Sam Hawkens und sein Kleeblatt auf sowie eine Dame (*nu – wo gommt se wohl her: aus Saggsen*), die das Herz auf dem rechten Fleck und die

146

Zunge ständig in Bewegung hat:

„Gentleman! Reden Se doch deutsch, wenn Se eene deutsche Frau vor sich haben! Ich bin Frau Eberschbach, geborene Morgenschtern und verwitwete Leiermüllern. "

Frau Eberbach begreift das weite Land Amerika als ihr ureigenstes Hoheitsgebiet, das unmittelbar der Polizeidirektion Sachsen unterstellt ist. Auch feindliche Indianer haben sich ihrem verständlichen Wunsch zu fügen, nachts zu schlafen und bei Tageslicht anzugreifen, wie sich das für ordentliche Menschen gehört. Sam Hawkens hat seine liebe Not, Frau Ebersbach, geborene Morgenstern und verwitwete Leiermüllern, klar zu machen, daß im Wilden Westen andere Regeln und Gesetze gelten als im heimatlichen Sachsen.

Frohgemut macht sich der Leser auf in den Wilden Westen, weil er genau weiß, daß er wieder heil herauskommt, während der Ölprinz Grinley samt seinem heimlichen Bruder Fred Buttler ebenso schön stirbt wie Cornel Brinkley mit seinen üblen Tramps.

Und die Guten erben zum Schluß den Schatz im Silbersee, da weiß man doch, was man hat!

Ähnlich dramatisch geht es in *Unter Geiern* zu, wobei mit „Geiern" in erster Linie die Schurken gemeint sind. In diesem Band 35 der *Gesammelten Werke* hat der unermüdliche Karl-May-Verlag zwei längere Geschichten zusammengefaßt: *Der Sohn des Bärenjägers* und – Karl May hat's wieder mit den Geistern – *Der Geist des Llano Estacado*. Mit der ersten Erzählung führt

Karl May die Scharen seiner jugendlichen Leser in den grandiosen Yellowstone-National-Park mit seinen Grizzlybären und anderen unangenehmen Zeitgenossen. Überflüssig zu sagen, daß Old Shatterhand und seine Getreuen auch hier wieder ausschließlich für das Recht reiten und ihm zum Sieg verhelfen. (Obwohl die Leser das bei Karl May allmählich wissen – langweilig wird's ihnen nie!)

*D*er Geist des Llano Estacado! Wer oder was ist er? Ist dieses „Gespenst" etwa ein „ES", wie Stephen King es mit spitzen Fingern in seinem Horror-Roman beschreibt? Selbstverständlich nicht. Der Geist ist kein anderer als *Bloody Fox* – der blutige Fuchs –, der als Kind als einziger den Überfall auf seinen Treck überlebt hatte und seither kreuz und quer durch den Llano saust, um die Bösewichter auszulöschen, wie der Karl-May-erfahrene Westmann zu sagen pflegt.

*Z*um Geist-Sein rüstet er sich, indem er ein weißes Büffelfell um die Schultern nimmt, an dem der Schädel drangelassen wurde. Mitten in der Wüstenei des Llano hat Bloody Fox eine munter sprudelnde Quelle, deren Umgebung er hübsch bepflanzt und zu seiner Festung ausbaut. Immer wieder zieht er sich dorthin zurück, wenn er von seinen Strafexpeditionen zurückkehrt und ein Nickerchen machen will. Die *Stake-Men*, finstere, schurkische Gesellen, die ahnungslos den Llano durchquerende Reisende mit falsch in den Boden gesteckten Pfählen ins tödliche Verderben führen, haben jedenfalls nichts zu lachen. <u>Der *Geist des Llano Estacado* ist überall zugleich, und seine Kugel ist unfehlbar.</u>

148

Im Band 38 der *Gesam-melten Werke, Halbblut,* sind Bruder Scharlih Superstar und der unvergleichliche Winnetou ein weiteres Mal unterwegs, um Gutes zu tun. Diesmal ist es eine Station der Pazific-Eisenbahn, die von äußerst üblen Banditen überfallen werden soll. Im Verein mit Hobble-Frank und Tante Droll gelingt es den beiden jedoch schließ-

Bloody Fox – der „gute Geist" des Llano Estacado.

ACHTUNG! SIE VER-LASSEN BAND 35!

lich, den Konflikt zu lösen, und mit einem Kernspruch des Hobble-Frank geht die Episode zu Ende. In der nächsten Geschichte darf sich zur Abwechslung einmal ein neuer und bis dato unbekannter Held im Wild-West-Kostüm versuchen. Der junge Richard Forster aus Kentucky macht seine Sache denn auch nicht schlechter als die berühmteren Westläufer-Kollegen. Er bringt einen ebenso gefürchteten wie langgesuchten Verbrecher zur Strecke – den *Pfahlmann,* der im schrecklichen Llano Estacado Reisende in die Irre lockt und ausraubt. Doch Forster ist nicht nur geübt im Umgang mit Fäusten und Pistolen, sondern zusätzlich ein feinsinniger Poet, Verfasser romantischer Gedichte über den Wilden Westen mit dem schönen Titel *Savannenbilder.* Mit Siebenmeilenstiefeln geht's dann hinüber in den Orient. Hier probt Kara Ben

Nemsi schon mal den für Christen verbotenen Besuch in Mekka, indem er die für Leute seines Glaubens ebenfalls verbotene Stadt Kairwan aufsucht und – selbstredend – mit heiler Haut wieder heraus- und davonkommt. Weder Old Shatterhand noch Kara Ben Nemsi tauchen in der letzten Novelle dieses Bandes auf. Hier spielt ausnahmsweise ein Franzose die Titelrolle im *Kaperkapitän:* der französische Held zur See *Robert Surcouf.*

Und weiter geht es mit Riesenschritten zum *Vermächtnis des Inka* (Old Shatterhand und Kara Ben Nemsi erholen sich immer noch). Statt dessen tritt ein Jäger namens *Karl Hammer* auf, mit dem schönen Beinamen *Vater Jaguar* und sorgt in den Anden dafür, daß alles seine Richtigkeit hat. In der Humor-Abteilung finden wir hier einen deutschen Gelehrten vor,

Dr. Morgenstern, mit seinem Diener *Fritz Kiesewetter* und dem amüsanten *Don Parmesan*, die dafür sorgen, daß man neben all der Spannung auch mal was zu lachen hat.

Ganz, ganz weit fort träumt sich Karl May auf seiner *lustigen Studentenfahrt nach China*. So nämlich lautet der Untertitel seines letzten für die Jugend geschriebenen Romans. Er heißt *Der blaurote Methusalem* und ist genau so bunt und geheimnisumwittert wie der Träger dieses Namens. Ursprünglich unter dem Titel *Kong-Kheou, das*

Auch im Fernen Orient ist Karl May zu Hause: Der „blaurote Methusalem" geht auf die weite Fahrt ins Reich der Mitte, um dort nach dem Rechten zu sehen.

Ehrenwort veröffentlicht, änderte der Verlag ihn in die „blaurote Fassung" um.

Karl May schildert hier ein China, wie es so niemals bestanden hat – aber was macht das schon aus? Ein ewiger Student – Sohn eines Bierbrauers, daher gut situiert – macht sich mit seinem Diener (Wichsier genannt) auf die lange Fahrt ins Reich der Mitte. Dort will er einen Onkel des Sohnes seiner Wirtin aufspüren und dem chinesischen Teehändler *Yekin-li* die abhanden gekommene Gattin samt Rest-Familie suchen. Der studentische Held der Geschichte ist seit Urzeiten in der kleinen Universitätsstadt und damit auch an der Universität ansässig, trägt außer der Studentenuniform eine Pfeife vor sich her und eine blaurote Nase mitten im Gesicht. Daher der Name, dessen zweiter Teil von der Legion der Semester herrührt, die der „Methu-

salem" auf der Uni verbracht hat (der sollte heute mal studieren. Von wegen Regelstudienzeit!). Aber damals hatte man noch viel mehr Zeit, bei Karl May sowieso. Methusalem, sein Wichsier Gottfried und der junge Richard (der Wirtinnen-Sohn) machen sich also auf eine Reise, wie sie in keinem bis heute erhältlichen Reisehandbuch vermerkt steht. Unterwegs treffen sie auf einen Kapitän mit Namen *Frick Turnerstick*. Der echt friesische Seebär (das muß sein!), der einmal Drechslerstock hieß, schließt sich ihnen an und sorgt für nicht enden wollende Heiterkeit. Er gibt nämlich vor, chinesisch sprechen zu können und hängt an jedes Wort ein „-ang, ong, -ung" oder „-ing" an. **Alles klarung, liebe Leserongs?**

152

Vereint treffen diese vier auf unzählige Söhne des Reichs der Mitte, und während der Methusalem das beste Hoch-Chinesisch spricht, stiftet der Kapitän mit seinem Endungs-Chinesisch mancherlei Verwirrung. Schließlich landen sie beim steinreichen Onkel des jungen Richard und erfreuen diesen durch ein vaterländisches Lied. Anschließend fahren sie wieder nach Hause.

Heute sind Karl Mays Erzählungen für die Jugend – die auch er als solche hat gelten lassen – in sieben Bänden verewigt. In vielen Zeitungen und Zeitschriften (anläßlich seines 150. Geburtstages) hat man ihn als Jugendbuch-Schriftsteller ausgewiesen, obwohl er selbst bis zuletzt erbittert darum gekämpft hat, die meisten seiner Bücher für die Seele des ganzen Volkes geschrieben zu haben.

Im Grunde aber ist es gleichgültig, ob er für die Volksseele, für die Jugend oder für alle geschrieben hat.

Wichtig ist nach wie vor nur eines – daß **wir** mit ganzer Seele dabei sind, wenn es darum geht, unseren Karl May vor jenen zu schützen, die ihn nachmachen oder verfälschen, oder einen nachgemachten oder verfälschten Karl May in Verkehr bringen wollen.

Denn Karl May ist einmalig. Seinen festen Platz hat er längst im Himmel der Idole. Zwischen Walt Disney und Heinrich Heine sitzt er und grinst wohlwollend, wenn wieder einmal ein Band Karl May über die Ladentheke wandert. Ich habe gesprochen! Howgh!

Es naht ein ernster, heilger Tag ...

Der große, einmalige und endgültige KARL-MAY-WISSENSTEST

WARNUNG!!!

Zu Risiken und Nebenwirkungen dieses Tests sollten Sie vorher dieses Buch gelesen haben sowie einen Mayologen Ihres Vertrauens oder zumindest Ihren Literatur-Berater zu Rate ziehen.

Wischen Sie sich nun erst mal den Schweiß von der Stirn und atmen Sie einmal tief durch. Denn: bei diesem Wissenstest gibt es keine Preise. Schlimmstenfalls können Sie bei völligem Versagen von Ihren Kindern an den Marterpfahl gebunden werden. Was **dann** passiert, hängt von Ihrer Art der Erziehung ab ... Das mit dem *„ernsten, heilgen Tag ...“*, stammt übrigens aus einer Gedichtzeile von Karl May. Keine Angst! Sie brauchen nicht zu wissen, aus welcher. **So schwer** wollen wir es Ihnen auch wieder nicht machen.

2. *Zu Ihrer Karl-May-Ausstattung fehlt Ihnen noch ein Band. Ihre Frau weigert sich, Ihnen den zu schenken. Was tun Sie?*
a) Ich drohe mit Scheidung.
b) Ich verlasse sie auf der Stelle mit 81 Karl-May-Bänden im Gepäck.
c) Mit der mir zu Gebote stehenden Sprachgewalt des Hadschi Halef Omar versuche ich sie in Grund und Boden zu reden und zu überzeugen.

3. *Jetzt kommt sie,* **die Frage** ... *also: Wie lautet der vollständige Name Hadschi Halef Omars?*
a) Ääähm ... könnten Sie später noch mal fragen?
b) Hadschi Halef Omar Ibn Abu Dhabi.
c) Mein Gott! Jetzt fragt der Kerl tatsächlich danach! Na, meinetwegen: **Hadschi Halef Omar Ben Hadschi Abul Abbas Ibn Hadschi Dawuhd al Gossarah!**

1. *Sie besuchen einen Freund, der keinen einzigen Band Karl May besitzt. Was tun Sie?*
a) Ich verlasse wortlos und türenknallend die Wohnung.
b) Ich übersehe diesen Mangel mit der mir eigenen Dezenz.
c) Ich schenke ihm beim nächsten Besuch den *Winnetou* und gucke später mal heimlich, ob die Seiten Tränenspuren aufweisen. Tun sie's, schenke ich ihm den zweiten Band ...

4. *Sie haben die Wahl, in Ihrem Wohnzimmer eine Büste vom Finanzminister, von Sokrates oder von Karl May aufzustellen. Welche wählen Sie?*
a) Die von Sokrates. Der ist so lange tot, das ist am wenigsten verdächtig.
b) Die vom Finanzminister. Vielleicht erkennt das Finanzamt dann endlich meine Sonderausgaben an …
c) Die von Karl May natürlich! (Sagen Sie mal, wo kriegt man denn so was?)

5. *Ihr Mann spricht im Schlaf und stöhnt unaufhörlich „Winnetou stirbt … Winnetou ist tot …" Was tun Sie?*
a) Ich versuche ihn zu überhören und wieder einzuschlafen.
b) Ich bringe ihn mit einem nassen Waschlappen erst zum Aufwachen und dann zum Schweigen.
c) Ich hole aus dem Bücherschrank im Wohnzimmer den Band Winnetou III und lege ihn zwecks Kühlung auf seine heiße Stirn.

6. *Sie entdecken eine vergrätzt dreinblickende, schattenhafte Gestalt, die, ständig vor sich hinbrabbelnd, jemanden zu suchen scheint. Wer, glauben Sie, ist das?*
a) Der Freund, bei dem ich vor Jahren einen Karl-May-Band ausgeliehen und die Rückgabe dann vergessen habe.
b) Arno Schmidt auf der Suche nach Lesern.
c) Hadschi Halef Omar auf der Suche nach seinem Sihdi.

157

8. *Sie haben alle 82 Karl-May-Bände in Ihrem Regal stehen. Was wünschen Sie sich als nächstes?*
a) Mehr Platz.
b) Einen Altpapier-händler.
c) Den Besuch von Pierre Brice.

9. *Sie wollen heiraten und fragen Ihre zukünftige Frau: „Sag an, wie hältst du's mit Karl May?" Die* **ideale** *Frau antwortet:*
a) Wenn's denn sein muß (seufz)!
b) Wer ist das, Karl May?
c) *„Oh, Sihdi, welche Frage!!!"*

7. *Sie sitzen schwitzend über diesem Test und werfen einen unauffälligen Blick aus dem Fenster. Ihre Kinder prüfen bereits die Riemen, mit denen Sie an den Marterpfahl gefesselt werden sollen. Was tun Sie?*
a) Ich ergreife umgehend die Flucht.
b) Ich verstecke mich im Keller.
c) Ich greife mir rasch den Band *Old Surehand I* und schlage nach, was in einem solchen Fall zu tun ist.

10. *Ein Freund berichtet Ihnen, er spreche sieben Sprachen. Wie reagieren Sie?*
a) Ich bewundere ihn.
b) Ich bin furchtbar neidisch.
c) Ich zucke nur mit den Achseln. Sieben Sprachen, was ist das schon! Karl May spricht über dreißig!

11. *In Ihre Stammkneipe kommt ein sehr alter, aber noch ungebeugter Mann in langem Ledermantel, mit schlohweißem Haar, bestellt fünf alkoholfreie Drinks, kippt sie und geht wieder. Wer ist das?*
a) Der Alterspräsident des örtlichen Wild-West-Clubs.
b) Der Junior-Chef der Altersriege des Turnvereins.
c) Der Geist von Old Wabble **nach** seiner Bekehrung durch Old Shatterhand.

12. *Wer oder was ist der „Fakir el Fukara"?*
a) Der neueste Ford? Opel? VW?
b) Ich kenn' doch keine Schlangenbeschwörer!
c) Bei Karl May der Beiname des „Mahdi", der im letzten Jahrhundert mit Allah und dem Propheten den Europäern so richtig Feuer unterm Hintern machen wollte.

13. *Sie leben mit einer Frau zusammen, die noch nie in ihrem Leben eine Zeile von Karl May gelesen hat. Was tun Sie?*
a) Ich lege ihr jede Nacht den ersten Band von Winnetou unters Kopfkissen.
b) Ist das schlimm, nie Karl May gelesen zu haben?
c) Ich lese ihr jede Nacht aus Winnetou vor (und wenn sie tausendmal nach der zehnten Seite einschläft!).

14. *Also gut, eine letzte Frage. Was unterscheidet jemanden, der 14 Fragen über, zu und von Karl May beantwortet hat, von einem normalen Durchschnittsbürger?*
a) Die Schuhgröße? Die Brillenstärke?
b) Was ist denn das nun schon wieder für eine blöde Frage!
c) Lieber 14 Fragen über Karl May als eine über Willem zwo!

AUSWERTUNG:

Sie haben Ihr Kreuzchen überwiegend bei **a)** gemacht. Bravo! Sie sind durchaus noch entwicklungsfähig und können es Karl-May-mäßig noch weit bringen.

Sie haben überwiegend **b)** angekreuzt. Da können wir Ihnen auch nicht helfen. Ihre Kinder stehen bereits abwartend um den Marterpfahl herum. Und danach können Sie keineswegs aufatmen. Wenn Old Shatterhand oder Kara Ben Nemsi Sie erwischt, blüht Ihnen eine lange Strafpredigt! Und wenn gar ein Komantschenhäuptling an der Spitze seiner Rothäute naht, um Ihnen den Garaus zu machen – zeigen Sie wenigstens **dieses Buch** vor. Vielleicht läßt er dann mit sich reden.

Sie Glücklicher! Sie haben die meisten Fragen mit **c)** beantwortet und sind ein Karl-May-Fan fast seit Ihrer ersten Stunde! Wir bitten Sie nur um eines: lassen Sie in Ihrem Karl-May-Regal ein Plätzchen für dieses Buch frei!

UND WER, BEIM SCHEÏTAN, SOLL DAS SEIN, DIESER SOGENANNTE „HADSCHI BUMBELDSCHI"?

TEST-KANDIDAT A